MOI, NADIA,
FEMME D'UN ÉMIR
DU GIA

BAYA GACEMI

MOI, NADIA, FEMME D'UN ÉMIR DU GIA

ÉDITIONS DU SEUIL
27, rue Jacob, Paris VIe

ISBN 2-02-035338-5

J'ai connu Nadia (appelons-la ainsi) alors que je cherchais, pour les besoins d'un reportage, des femmes victimes du terrorisme. Je l'ai rencontrée au siège de l'association « El Azhar », que préside une de mes amies, Dalila Allal. Nadia était sans le sou et demandait désespérément de l'aide. Son mari n'ayant plus donné de ses nouvelles depuis un an et demi, elle savait que, désormais, elle ne devait plus compter sur son retour. Elle avait décidé, par conséquent, de se prendre en charge. Ses parents, chez qui elle vivait alors, lui répétaient chaque jour qu'elle était un fardeau pour eux et que, tant qu'elle serait avec eux, ils seraient eux-mêmes rejetés par tous, ne pouvant même pas revenir dans leur maison. Nadia a connu l'existence de Dalila par le biais de la télévision. Elle s'est dirigée vers elle, lui demandant de l'aider à trouver un gîte afin qu'elle puisse quitter sa famille. Dalila la prendra en pitié et essaiera de l'aider sans la juger. Elle lui trouvera une place dans une famille d'accueil où elle se trouve encore aujourd'hui.

Nadia a accepté de témoigner dans ce livre de sa vie avec cet « émir » local d'un village de la Mitidja. Ahmed, son ex-mari, est le prototype même du membre du GIA. Analphabète, sans aucune éducation, habitué à vivre d'expédients, il faisait partie de ces parias de la société auxquels le GIA a donné un statut. Et il y a cru. Peu importe les moyens, l'important est qu'il était devenu un chef et que ceux qui le traitaient auparavant comme un petit voyou sans envergure s'étaient mis à son service. Parce que eux aussi ont cru que les choses s'étaient renversées de façon définitive. Nadia a cru aussi, dans sa naïveté, qu'elle était l'épouse du maître, la « mère des croyants ». L'euphorie a tourné court et Nadia s'est retrouvée sans domicile fixe, cherchant chaque jour un toit pour s'abriter, rejetée par tout le monde, notamment par ceux qui, la veille, lui avaient fait croire qu'elle était leur maîtresse incontestée. Les rêves de puissance et de gloire se sont effondrés.

Cette jeune femme de vingt-deux ans a accepté de livrer sa vie, spontanément, sans fioritures ni tricherie. Racontant jusqu'à certains détails concernant sa famille et sa vie intime. Elle l'a fait parce qu'elle souhaite que son histoire serve de leçon à d'autres jeunes filles. La seule condition qu'elle a posée à la publication de ce récit est que les acteurs de ce livre ne puissent être reconnus afin de protéger quelques-uns des siens, qu'elle aime et dont elle estime qu'ils ont déjà suffisamment souffert par sa faute. Ainsi, les noms des personnages ont tous été changés. De même ceux de certains lieux, qui ont été soit changés, soit intervertis, tandis que le nom du hameau où se déroule l'action a carrément été inventé. En revanche, j'ai tenu à ce que les lieux cités dans ce livre – et qui existent – soient identiques dans leur configuration géographique, sociologique et politique à ceux où s'est véritablement déroulée cette histoire.

Une chose est certaine : tous les faits sont réels. Tels qu'ils m'ont été relatés par Nadia.

Je sais que ce livre aura des détracteurs. Dans les deux camps.

Ceux qui, d'un côté, trouveront sans doute que je fais la part trop belle aux forces de sécurité. Il est certain que l'on peut avoir ce sentiment en lisant ce livre. Mais il est vrai que, dans son malheur, Nadia a eu, malgré tout, de la chance. Dès le début, le chef de brigade de la gendarmerie de son village l'a prise en pitié, la considérant plus comme une victime que comme une coupable. Ce qui ne veut pas dire que la façon dont elle a été traitée peut être généralisée.

Il y aura ceux qui, de l'autre côté, penseront, au contraire, que je donne aux terroristes – ainsi qu'à leurs familles – un visage trop humain et que j'accable trop les patriotes en leur attribuant des exécutions gratuites de membres de familles de terroristes. Ils pourront même penser que la mère d'un terroriste qui pleure ses fils tués n'a que ce qu'elle mérite puisqu'elle ne s'est jamais démarquée de leur action. Ou encore, ils ne voudront pas admettre que tous les habitants d'un village aient pu à un moment soutenir, avec conviction, le GIA. Ils préféreront continuer à se réfugier dans un populisme dépassé selon lequel le peuple est bon et, s'il se range un jour du mauvais côté du manche, c'est parce qu'il y aura été contraint. La réalité est, souvent, beaucoup plus nuancée.

Dans les deux camps, depuis le début de la violence en Algérie, la passion a empêché le discernement clairvoyant et le jugement serein, chacun considérant l'autre a priori comme un ennemi. La plupart des grands analystes et politiciens ont campé sur des posi-

tions tranchées et n'ont donné qu'une vision aveuglément manichéenne de la situation. Rajoutant ainsi de l'huile sur le feu lorsqu'il fallait apaiser les rancœurs. Quant à ceux qui ont tenté de ramener la raison sans choisir au préalable un camp, eh bien ! ils n'ont pas été écoutés, tout simplement.

C'est à cause de cette vision réductrice que très peu de gens, en Algérie et à l'étranger, ont réellement essayé de comprendre.

Baya Gacemi

1

Ahmed, mon mari, est mort il y a un mois. Il a été tué lors d'une opération menée par les forces de sécurité, à Chréa[1]. On a retrouvé son corps mais pas sa tête. Les gendarmes pensent qu'il a été décapité par ses amis, lesquels ont dû cacher la tête. Les terroristes du GIA agissent souvent ainsi afin de rendre l'identification difficile. Surtout lorsqu'il s'agit d'un « émir[2] », comme c'était le cas d'Ahmed. Il a été reconnu à cause de la blessure qu'il avait au bras. C'est ce qu'ont dit les gendarmes à mon père. J'avais bien cru reconnaître son cadavre, au milieu de plusieurs autres, un jour à la télévision, mais ceux que l'on nous montre se ressemblent tellement qu'il est difficile de les distinguer les uns des autres.

Je pressentais sa mort. Depuis quelque temps, tous les jours, à vingt heures, je m'asseyais devant l'écran de la télévision, attendant de voir son corps parmi ceux

1. Chréa : Chaîne de montagnes surplombant la riche plaine de la Mitidja, laquelle entoure Alger. Chréa est un ancien lieu de villégiature devenu fief des maquis du GIA.

2. Émir : chef en arabe. Titre que se donnent les chefs des groupes armés islamistes. Il existe un émir pour chaque localité, lui-même sous l'autorité d'un émir national.

des terroristes abattus. J'avais vu juste puisque, il y a deux semaines, les gendarmes de la commune des Eucalyptus, dont dépend le hameau de Haï Bounab, où je résidais avec lui, ont averti mon père de son décès, lui demandant de m'en informer. Je me suis aussitôt rendue à la brigade de gendarmerie, mon livret de famille à la main, avec l'espoir que les autorités allaient y porter ma nouvelle situation familiale. Je n'aurais plus eu alors qu'à endosser mon nouveau statut : veuve – à vingt-deux ans – et mère d'un fils d'un an et demi. J'attendais cette nouvelle depuis si longtemps. J'allais enfin être libérée des chaînes qui me ligotaient à un homme que je ne voyais plus depuis mars 1996, mais dont l'existence m'était chaque jour plus pesante. Le chef de brigade m'a reçue et m'a confirmé qu'il avait bien reçu des informations attestant la mort d'Ahmed. « Des témoignages de terroristes, qui étaient avec lui et ont été pris vivants, l'affirment. Mais, légalement, tant que nous n'avons pas identifié son cadavre, nous ne pouvons pas le considérer comme mort et encore moins le mentionner sur ses papiers. » Encore une déception. Jusque dans sa mort, il m'aura causé des complications. Devant mon air contrarié, le chef de brigade m'a conseillé d'engager une requête auprès du procureur de la République pour « authentification de décès ». Cette requête devait me permettre, au bout de quelques mois, si le cadavre de Ahmed n'avait pas été formellement identifié, de procéder quand même à l'enregistrement de son décès sur la base de témoignages. Ils font cela maintenant parce que de nombreux terroristes sont tués dans les maquis et enterrés sur place par leurs amis. Le chef de brigade aussi avait l'air soulagé. Il s'en est ouvert à l'amie qui m'accompagnait : « Son mari nous a causé beaucoup de problèmes, à nous, à sa famille et au village, lui a-t-il dit. Au fond, c'est un imbécile. Il était bien au milieu de ses proches ; il a fait le fou, qu'a-t-il gagné ? Il a laissé une veuve et un orphelin et a fini abattu comme un chien. » Ce soir-là, seule dans mon lit, j'ai pleuré. De soulagement... de lassitude... de joie... je ne sais plus. Mais de... tristesse, sûrement. Heureuse d'être sortie du cauchemar dans lequel je vivais, j'aurais malgré tout souhaité que ma vie d'épouse ne se termine pas de cette manière. Que le père de mon fils, avec qui je n'avais vécu que trois mois, et que j'avais aimé passionnément, ne finisse pas jeté, corps sans tête, dans un ravin de la Mitidja.

Ainsi, après plus d'une année et demi sans y mettre les pieds, je suis retournée à Haï Bounab. Comme toujours, à cette période printanière, la région est superbe. Le tapis d'herbe verte, parsemé de pâquerettes jaunes, donne envie de s'y rouler... comme je le faisais autrefois, quand j'étais une jeune fille insouciante. Les vergers sont toujours aussi touffus et les orangers gardent sur leurs branches quelques derniers fruits que les agriculteurs ont négligé de cueillir. Comme avant. Cette région a, de tout temps, fait la prospérité de ceux qui ont su l'exploiter. A commencer par les anciens colons français. A voir ce spectacle paradisiaque, on se demande comment des gens vivant ici peuvent avoir des pulsions de violence.

Sur la place du village des Eucalyptus, à quelques mètres du siège de la gendarmerie, j'ai croisé Ali, en tenue de garde communal[1]. J'ai mis du temps avant

1. Garde communal : supplétif de l'armée. Remplace le corps des

de le reconnaître. Il a quarante-cinq ans, mais l'air d'un vieux déjà. Il a beaucoup vieilli en moins de deux ans. Son visage est buriné et ses traits sont tirés. Avec des gendarmes, il tenait le barrage routier, un fusil sur l'épaule. Je me suis arrêtée pour lui dire bonjour. Devant moi, il n'arrive toujours pas à se défaire de cet air coupable. Il n'a pas pu s'empêcher d'aborder le sujet : « Tu te rends compte. Après tout ce que j'ai fait pour eux, ils ont voulu prendre mes filles de force et m'obliger à construire une cache sous ma maison... » Je ne lui ai pas répondu. Le débat aurait été trop douloureux et inutile. Et puis, mon souci était ailleurs. J'ai seulement demandé des nouvelles de ses filles, qui étaient mes amies. Je ne lui en veux pas. Depuis qu'il a dénoncé mon mari et ses amis, Ali vit dans un hammam désaffecté aux Eucalyptus. Les gendarmes l'y ont installé avec sa nombreuse famille, par crainte d'une vengeance de la part des terroristes. Il n'est pas le seul à avoir été contraint à déménager ou à fuir. Le terrorisme a provoqué l'exode de beaucoup de gens et déchiré de nombreuses familles.

En voyant Ali dans sa nouvelle fonction, lui qui avait été l'un des alliés les plus sûrs du GIA, j'ai compris combien les choses avaient changé. La vie a repris son cours normal, mais il manque cette sorte d'allégresse qui existait avant et que seuls les paysans savent donner à leur pays. Il y a comme une chape de plomb qui pèse sur la région. Comment pourrait-il en être autrement lorsque, dès l'approche de la commune, tous les hommes que l'on croise portent des armes ? Je suis allée

anciens gardes champêtres, supprimé en 1982. Créé pour défendre les villages contre les terroristes.

jusqu'au hameau – à environ deux kilomètres – pour rendre visite à ma mère qui venait de se réinstaller, depuis deux semaines à peine, dans notre ancienne maison. Elle n'était pas revenue à Haï Bounab – ni moi non plus – depuis ce jour où nos anciens voisins, et néanmoins amis, avaient braqué sur nous leurs armes – nouvellement acquises –, menaçant de mettre le feu au camion qui nous transportait avec nos meubles et nos affaires. Heureux de pouvoir revenir enfin chez nous, nous avions oublié que, pour eux, nous étions avant tout une famille de terroristes. Nous avions alors rebroussé chemin sans demander notre reste. Notre maison a été préservée grâce aux gendarmes qui l'ont prêtée à une famille nécessiteuse en lui précisant qu'il ne s'agissait que de gardiennage. Quant à la mienne, devant laquelle je passe obligatoirement pour aller chez ma mère, elle présente toujours des traces d'incendie et de démolition. Cela ne l'empêche pas d'être squattée par une famille. Ma mère m'a dit que ce sont des braves gens qui ont perdu leur domicile dans une explosion, mais qui lui ont fait savoir qu'ils étaient prêts à s'en aller dès que je le leur demanderais.

Les habitants de notre hameau ont cru à la victoire du GIA. Ou bien ils ont fait semblant. Moi, je me devais d'y croire puisque j'étais la femme de Ahmed Chaabani, l'« émir » de Haï Bounab et des environs. Ce que je sais, c'est que nous avons tous contribué à l'installation et à l'essor du terrorisme. Par notre silence, par notre soutien logistique également. Pendant plus de trois ans, ils ont fait la loi ici. Avec le consentement de la population, qui acceptait tout et ne s'est révoltée contre le GIA que le jour où ce dernier s'est mis à terroriser ceux-là mêmes qui l'avaient aidé.

Le revirement a été aussi rapide que violent. Quant à moi, je ne me posais pas de questions. J'aimais mon mari, tout simplement. Je lui pardonnais tout. Je l'ai payé lourdement.

2

Ma mère et mon père sont cousins germains. Ils ont passé leur enfance à Douéra, un village agricole situé à une vingtaine de kilomètres à l'ouest d'Alger. Leurs parents s'étaient promis de les marier alors qu'ils étaient tout petits. A la campagne, il était courant de dédier, à sa naissance, une fille à son cousin ou au fils d'un voisin. Ils ont donc grandi avec l'idée qu'ils feraient leur vie ensemble. Cela tombait bien : tout jeunes, ils se sont aperçus qu'ils s'aimaient. Ils n'ont donc pas eu la patience d'attendre. Ma mère avait à peine quatorze ans lorsqu'elle s'est mariée. Mon père en avait dix-sept. Un an après, je suis née. Notre différence d'âge plutôt réduite fait qu'entre ma mère et moi il y a toujours eu une grande complicité. D'ailleurs, les gens qui ne nous connaissent pas nous prennent, a priori, pour des amies.

Nous étions une famille de paysans pauvres, mais chez nous avait toujours régné une ambiance pleine de chaleur et d'affection. L'amour qu'il y avait entre ma mère et mon père – et qui existe encore aujourd'hui – nous a beaucoup aidés à surmonter les frustrations que nous pouvions ressentir par ailleurs. Pour autant, nous n'étions pas dans la misère. Nous avons toujours mangé à notre faim, et de bons produits frais en plus. Mon père étant, à l'époque, travailleur agricole, nous avions toujours des légumes et des fruits de saison à la maison. Il se débrouillait ensuite avec les exploitants des fermes voisines pour avoir des œufs, du lait et, parfois, de la viande et du miel. Les fermiers faisaient du troc entre eux. Les nombreuses exploitations de la région produisaient, sur des centaines d'hectares, diverses cultures, ainsi que de l'élevage. La révolution agraire était en pleine gloire [1].

Mon père est un homme très gentil mais vraiment étrange. Il rigole tout le temps – beaucoup moins maintenant, bien sûr. Toute sa vie, il n'a pensé qu'à s'amuser et à se reposer. Le reste ne l'intéresse pas. A la campagne, les gens sont très conservateurs et traditionalistes, mais ils s'amusent beaucoup. A leur façon. Mon père était tellement amoureux de ma mère qu'il en était jaloux comme un tigre. Deux ans environ après leur mariage, un monsieur est venu lui raconter qu'il avait eu une liaison avec ma mère alors qu'elle était célibataire. Sans chercher à savoir la vérité – il ne comprenait pas comment ma mère, qui était fiancée avec lui depuis sa naissance, avait pu le tromper ainsi –, il l'a renvoyée chez ses parents. Moi, il m'a gardée avec lui. Ma grand-mère, qui habitait avec nous, s'occupait de moi. Mais, une fois seul, il devint très malheureux. Il se mit à boire et, quand il avait un verre de trop, il se vengeait sur moi. Il me frappait, puis il pleurait quand il se rendait compte de son injustice. Quand ma mère lui manquait trop, il

1. Le président Boumediène (1965-1978) en faisait l'axe essentiel de sa politique socialiste. Les paysans qui travaillaient dans les anciens domaines coloniaux bénéficiaient de sa part d'une attention particulière.

avait un prétexte tout trouvé pour aller la voir. Il disait qu'elle devait voir sa fille et m'emmenait donc chez elle. Il en profitait pour passer un moment avec elle. Elle est d'ailleurs tombée enceinte durant cette période. Quand mon grand-père l'a appris, il a obligé son gendre à reprendre sa femme. Mais, honteux de son acte, mon père a refusé d'admettre que c'était lui le responsable de cette grossesse. Il a fallu porter l'affaire devant le tribunal et c'est après intervention du juge qu'il a cédé. En vérité, il craignait que les voisins, voyant ma mère revenir à la maison enceinte alors qu'elle était séparée de son mari depuis plusieurs mois, ne se mettent à jaser. En même temps, il était si heureux qu'elle réintègre le domicile conjugal qu'il a invité tout le village à une fête. La famille ne comprenait pas du tout ce qui se passait dans sa tête.

J'avais six ans lorsque les autorités locales nous ont attribué une maison dans un autre village agricole dans les environs de Cheraga (à une quinzaine de kilomètres à l'ouest d'Alger). C'était une belle demeure avec plusieurs pièces, une cuisine, une cour intérieure et du carrelage au sol. Mon père était ouvrier agricole dans un domaine avoisinant[1]. Là, nous étions vraiment bien. On m'a inscrite à l'école du village. J'avais d'excellentes notes et mes enseignants m'aimaient beaucoup. Je garde un très bon souvenir de cette période qui durera neuf ans. Nous étions une famille heureuse et sans histoire. Malheureusement, ce bonheur devait prendre fin, à cause de l'inconséquence de mon père.

1. Les domaines agricoles, issus des anciennes fermes laissées vacantes après le départ des colons français, appartenaient exclusivement à l'État.

Mon père est un fainéant. Avec des goûts de luxe en plus. Un jour, il décida d'arrêter de travailler au domaine. A ma mère – effarée à l'idée que nous n'aurions plus de revenus – il a prétexté qu'il ne s'entendait plus avec ses collègues. La réalité était un peu différente : ses collègues lui reprochaient son incorrigible paresse tandis qu'ils trimaient, eux, du matin au soir. Ils se plaignaient de ce qu'au bout de deux ou trois jours il arrêtait de travailler, prétendant que la terre n'était pas bonne et ne produirait rien. Il râlait tout le temps. En fait, c'était à cause de lui et d'un autre que les résultats de l'exploitation étaient mauvais. Nous aurons par la suite la preuve que cette terre était très fertile, lorsque le domaine, restructuré et donné en gérance à un groupe de travailleurs agricoles [1], produira toutes sortes de légumes et de fruits, y compris des fruits exotiques que nous n'avions jamais vus auparavant. Ceux qui l'exploitent sont devenus riches. Mon père regrette aujourd'hui son comportement passé. Mais, à l'époque, une idée lui trottait dans la tête : il avait très envie de posséder une voiture. Pour exaucer son rêve, il résolut de vendre la maison.

C'est ainsi que nous avons perdu notre maison de Cheraga, que nous aimions beaucoup et où nous avions été si heureux. Ma mère dit toujours qu'avec cette maison nous avons perdu la baraka. Mon père l'a vendue pour six cent trente mille dinars [2]. Avec cet argent, il en a acheté une autre à Haï Bounab, un petit hameau

1. En 1987, une loi réorganisait les domaines de l'État en EAC (exploitations agricoles collectives) ou EAI (exploitations agricoles individuelles), qui permettait à des groupes de travailleurs agricoles de travailler la terre et de s'en approprier l'usufruit.

2. Un dinar = 0,1 franc français environ.

de la commune des Eucalyptus, près de Baraki (à une vingtaine de kilomètres à l'est d'Alger). La nouvelle maison était totalement différente de la première : elle était plus petite et beaucoup moins confortable, sans électricité ni eau courante. En guise de parquet, il n'y avait qu'une dalle de ciment, glaciale. Ma mère mettra bien du temps avant de s'habituer à cette maison. Mes frères et sœurs n'étaient pas contents non plus d'y habiter. Quant à moi, j'ai pleuré pendant des jours. Pendant des jours, je n'ai pas adressé la parole à mon père. C'est à ce moment-là que j'ai quitté le collège – j'étais en neuvième année fondamentale [1] –, car le nouvel établissement ne me convenait pas du tout. Il était trop loin de la maison, aux Eucalyptus. Il fallait près d'une heure de marche à travers champs pour y arriver. En hiver, c'était un calvaire. Lorsqu'il pleuvait, j'étais trempée et j'avais de la gadoue jusqu'aux genoux en arrivant en classe. Je ne pensais qu'à revenir à la maison pour me changer et me réchauffer. Et puis, j'avais quinze ans et toutes mes copines étaient restées à Cheraga. En outre, je trouvais les nouvelles enseignantes antipathiques. J'ai préféré alors rester à la maison. C'était une façon de me venger de mon père, sachant qu'il serait fortement contrarié de me voir interrompre mes études. En effet, lui, l'analphabète, rêvait pour moi d'un grand avenir. Beaucoup de paysans, à l'époque, comptaient sur leurs enfants éduqués pour les sortir de la misère. Pour ma mère, bien qu'elle fût un peu déçue également, c'était toutefois une aubaine : elle avait ainsi quelqu'un pour l'aider aux

1. Neuvième année fondamentale : correspond à la troisième des collèges.

travaux ménagers. Elle n'arrivait plus à s'occuper seule de toute la famille. J'étais l'aînée de sept enfants et après moi il y avait deux garçons qui, par tradition, ne participent pas aux travaux ménagers. J'ai donc entamé une nouvelle vie. Tous les matins, j'allais puiser de l'eau à la fontaine du hameau, à deux cents mètres environ de la maison. Je faisais la lessive, la vaisselle, etc. Ma mère ne s'est plus occupée que des repas et de ses bébés.

Si, pour nous tous, l'achat de cette nouvelle maison était une catastrophe, pour mon père, c'était une affaire car il ne l'avait payée que deux cent quarante mille dinars. Il lui restait de quoi acheter la voiture de ses rêves, pour trois cent neuf mille dinars, et même économiser un peu d'argent. Pour justifier son acte, que tout le monde a jugé inconsidéré bien sûr, il a argué qu'avec sa voiture il ferait le taxi et gagnerait plus d'argent qu'à la ferme. Mais son idée inavouée était que l'argent épargné lui permettrait de vivre sans travailler. C'est d'ailleurs ce qu'il a commencé par faire. Malheureusement, la voiture, achetée d'occasion à un individu sans scrupules, était en mauvais état. Il l'a donc revendue au bout de quelques mois. Mais à un prix plus bas. Il en a racheté une autre, qui s'est révélée aussi peu fiable que la première. Il répétera ainsi plusieurs fois la même expérience. Jusqu'à épuisement de la somme d'argent qu'il avait épargnée. Pendant deux ans, mon père n'a fait que dormir la plupart du temps. Il ne se réveillait qu'en milieu d'après-midi. La nuit, n'ayant pas sommeil bien sûr, il faisait tout pour nous tenir éveillés afin que nous lui tenions compagnie. Parfois, lorsqu'il s'ennuyait trop, il nous demandait de lui préparer à manger à des heures impossibles. Mais il était tellement gentil avec nous que nous cédions à tous ses caprices. Ce n'est qu'une fois sans le sou qu'il a ressenti la nécessité d'avoir un travail. C'est en fait un voisin qui lui a fait la morale : « Tu as beaucoup d'enfants, tu n'as pas le droit de dormir toute la journée », lui a-t-il dit. La honte au front, mon père fut contraint d'accepter le boulot de balayeur que ce voisin lui avait trouvé aux services de la voirie de la commune. Le voisin en question sera tué deux ans plus tard par le GIA, parce qu'il refusait de le suivre. Dans son nouvel emploi, mon père n'a pas manifesté plus d'enthousiasme. Les agents de la mairie s'en plaignaient régulièrement, disant de lui qu'il faisait le travail à moitié. Une seule chose ne semble pas le fatiguer : faire des enfants. Depuis que nous habitons à Haï Bounab, la famille a augmenté de trois membres. Et, à trente-sept ans aujourd'hui, et toute grand-mère qu'elle soit, ma mère en est à sa onzième grossesse. Elle accouchera dans deux mois.

Mon père travaillera pendant près de deux ans comme balayeur au village des Eucalyptus. Il sera licencié lorsqu'on saura que son gendre est émir du GIA.

3

Petit à petit, nous nous sommes habitués à notre nouvelle vie. Avec le temps, la maison s'est transformée. Ma mère et moi l'avons aménagée et, avec peu de moyens, avons réussi à en faire un endroit agréable et accueillant. Notre déception du début a fini par s'estomper et nous sommes parvenues à recréer, grâce au soutien d'un voisinage fort sympathique et convivial, l'ambiance que nous connaissions à Cheraga. D'autant plus que Haï Bounab lui-même a changé totalement et ne ressemblait plus en rien au petit douar perdu et désolé où nous avions atterri un jour. Il s'est équipé en structures sociales, qui n'existaient pas auparavant : école, dispensaire, petits magasins, etc. A notre arrivée, le hameau venait d'être construit et ne possédait que des murs, nous étions coupés de tout. Par la suite, il y a eu l'électricité d'abord, qui nous permettra d'avoir la télévision. Très tôt tout le hameau s'est équipé d'antennes paraboliques. Nous regardions beaucoup les chaînes françaises et celles des autres pays arabes, mais pas devant mon père, parce qu'il y a des scènes osées dans les films qu'elles passent. Puis deux magasins d'alimentation générale ont ouvert. Nous étions tous ravis de pouvoir enfin disposer des produits essentiels sans faire une heure de marche à travers champs. Notre vie s'en est trouvée considérablement facilitée.

A Haï Bounab, il y a trois petits groupes de maisons comprenant environ une centaine d'habitations en tout. Mais chaque maison abrite deux ou trois frères mariés avec leurs enfants et les grands-parents, ainsi que des tantes et des cousins parfois. Ce qui donne une population importante. Au début, les voisins nous ont beaucoup aidés. Mon père étant la plupart du temps sans emploi, les travailleurs de l'EAC voisine nous envoyaient systématiquement notre part de fruits et légumes lorsqu'ils prenaient la leur. Tout le monde s'entendait bien. Même avec nous qui sommes les seuls étrangers – les autres familles appartiennent toutes à la même tribu, les Souaghi, de Ouled Soltane, dans la région de Médéa. Je peux dire aujourd'hui que nous constituions quasiment une seule grande famille. Tout ce qui pouvait arriver à l'un d'entre nous affectait tous les autres.

Leur plus grande joie, les habitants du hameau l'ont vécue le jour de l'ouverture de l'école fondamentale. C'était en 1992, une année après notre arrivée à Haï Bounab. Pour l'occasion, tous s'étaient cotisés afin de fêter l'événement. Ils avaient préparé un délicieux couscous au mouton avec de bons légumes frais, plus de la salade. Les fruits, nous en avions à profusion dans les vergers. Les femmes avaient préparé des gâteaux, du thé et du café. Tous les ouvriers qui avaient participé à la construction de l'école ont été invités – on leur promettait cette fête depuis le jour où ils avaient posé la première pierre. Alors, pour rien au monde, ils n'auraient raté ça. Les employés de la mairie des Eucalyptus étaient également de la partie. Même les gendarmes ont eu droit à leur part du repas. A ceux qui ne pouvaient pas quitter leur poste, nous avions expédié des gamelles bien garnies. Le repas a été servi dans la cour de l'école pour que ça lui porte bonheur. Inaugurer une nouvelle bâtisse avec de la bonne nourriture, cela apporte la prospérité, disaient les vieilles femmes du hameau. A la fin du repas, quand les hommes se sont retirés, des vieilles femmes sont passées avec des petits braseros d'encens dans toutes les salles de classe. C'était pour éloigner le mauvais œil et Satan. Comme elles le faisaient dans toute construction neuve. Les gens de Haï Bounab étaient contents, pour leurs filles surtout. Plus que pour les garçons. Ainsi, ils ne seraient plus inquiets de les voir traverser les champs matin et soir et, en hiver, rentrer à la nuit tombée.

Les habitants de Haï Bounab sont tous plutôt croyants. De manière naturelle et spontanée. Avant l'arrivée du GIA, nous pratiquions ce que nous commandait la tradition. Pas plus. Et sans grande rigueur, il faut bien le dire. Sur ce plan, personne ne s'occupait des autres. Il n'y avait même pas de mosquée dans notre hameau. Les rares personnes qui tenaient à prendre part à la prière collective du vendredi allaient jusqu'aux Eucalyptus. C'étaient surtout les vieux qui le faisaient, profitant de cette balade pour rencontrer leurs amis du village. C'est comme pour la politique. Très peu s'y intéressaient. Ils avaient trop de travail dans les champs pour perdre du temps à ça. Il y a bien eu quelques voisins qui avaient adhéré au FIS avant sa dissolution, mais même les responsables de ce parti limitaient leurs activités au chef-lieu de la commune et ne venaient pas chez nous.

J'étais le boute-en-train du hameau. Les voisins m'appréciaient particulièrement parce que j'étais toujours disposée à aider les femmes dans leurs travaux ménagers. Chaque fois que l'une d'elles accouchait – ce qui arrivait fréquemment –, j'étais la première à me présenter chez elle pour m'occuper de sa maison et de ses autres enfants. Elles étaient sûres de pouvoir compter sur moi à n'importe quel moment. Avec les filles de mon âge, ça marchait encore mieux. J'avais introduit de nouvelles façons de faire dans le hameau. Notamment, aller à la fontaine chercher de l'eau. Avant, c'étaient les garçons seulement qui y allaient. Venant de Cheraga, j'étais un peu une fille de la ville, j'étais donc moins timorée et j'avais moins de complexes que les autres, qui étaient plutôt paysannes. La corvée d'eau deviendra rapidement, pour nous, un plaisir. Un moment de jeu et de détente. Quand le soleil était chaud, nous en profitions pour nous baigner. Nous plongions dans le bassin avec nos habits. C'était moi la meneuse, évidemment. Les copines ont mis du temps à m'imiter. Certaines trouvaient que j'étais dévergondée, mais une fois les premiers signes de timidité disparus, elles ont pris goût à la chose et s'amusaient comme des enfants. Les garçons nous suivaient de loin. Lorsqu'ils s'arrangeaient pour croiser notre chemin, nous bavardions un peu avec eux. Pas trop longtemps, il ne fallait pas que nos parents nous voient. Parfois, ils nous sifflaient de loin, ou nous chantaient des chansons et nous envoyaient des petits billets. Nous allions cueillir les restes de fruits que les cueilleurs laissaient toujours sur les arbres à la fin de la saison.

Nous avions ainsi tout le temps des oranges, des mandarines, des pêches, des abricots, des amandes... Nous les prenions pour les manger en cours de route. Mais il y en avait tellement que chacune pouvait en rapporter chez elle.

J'ai montré également aux copines comment faire du crochet, de la broderie et des tapis avec des chutes de tissu. J'avais moi-même appris tout cela avec mes tantes, à Cheraga. Une fois le ménage terminé, nous sortions toutes sur le perron d'une des maisons, nous posions une natte par terre et nous passions ainsi nos après-midi. Je me souviendrai toujours des soirées de ramadan, quand nous restions dehors jusqu'à ce que les hommes rentrent du café et les femmes de leur visite traditionnelle chez les voisines. Nous chantions et dansions. Nous comparions aussi les gâteaux que chacune d'entre nous préparait chez elle. C'était un mois de joie. Nous l'attendions avec impatience. Les soirées de Mouloud[1] nous restions dehors jusqu'à l'aube. Mon père ne disait rien. Les autres pères non plus. C'était normal. Nous étions heureuses et toutes les occasions étaient bonnes pour faire la fête. Ces mêmes amies seront complices de ma liaison avec Ahmed. Il y avait Saloua, Hakima, Djamila, Rachida et Fatiha.

Saloua et Fatiha finiront décapitées.

1. Mouloud : anniversaire de la naissance du prophète Mohamed. Fête très populaire.

4

Avant d'habiter à Haï Bounab, Ahmed vivait avec sa mère et ses frères à Benramdane, un petit village isolé de la Mitidja. Mais sa famille est originaire de Kef Lakhdar, dans les montagnes de l'Atlas tellien qui surplombent la ville de Médéa. C'est là qu'il a passé toute son enfance. Selon ses dires, sa mère et son père avaient, eux aussi, fait un mariage d'amour. Mais son père avait un faible pour les femmes, de préférence mariées. Il avait une très mauvaise réputation à Benramdane et ses frères ne l'aimaient pas pour cette raison. Ils lui reprochaient d'être la tare de la famille. Il avait des liaisons avec des femmes de différents villages. Une fois, l'un des maris trompés, qui était son ami au demeurant, a décidé de le tuer. Il l'a invité à manger et a mis du poison dans la nourriture. Le père d'Ahmed est mort quelques jours plus tard, dans d'atroces souffrances. Le voyant se contorsionner, ses frères pensaient qu'il avait seulement des crampes d'estomac. Ils étaient loin d'imaginer qu'il avait été victime d'un empoisonnement. Ils ont attendu plusieurs jours avant de s'inquiéter. C'est seulement lorsqu'ils le virent perdre étrangement ses cheveux qu'ils l'ont transporté à l'hôpital. Le médecin a diagnostiqué l'empoisonnement et leur a annoncé qu'il était trop tard pour le sauver. Personne ne déposa plainte contre l'empoisonneur alors que, tout de suite, les frères avaient deviné de qui il s'agissait. La famille eut tellement honte qu'elle préféra étouffer l'affaire. A cette époque, la mère d'Ahmed était enceinte de deux mois, elle attendait son quatrième garçon, qui a mon âge – nous sommes nés le même jour. Ahmed était son troisième fils. Le jour même de l'enterrement de son mari, ses beaux-frères, qui ne l'aimaient pas, l'ont renvoyée de la maison. Et ont gardé les enfants.

Les trois garçons ont très mal vécu le départ de leur mère, survenu en même temps que la mort de leur père. Ils se sont sentis abandonnés par tout le monde. D'autant plus que leurs oncles, ainsi que leurs femmes, les traitaient comme des esclaves. Sans aucune affection. Bien qu'enfants, ils n'étaient là que pour travailler. L'aîné n'avait que huit ans et Ahmed en avait trois. Étant le plus petit, il était turbulent, donc battu tous les jours. Malgré son âge, on l'envoyait avec ses frères faire paître les vaches et les moutons dans les prés. Ils restaient ainsi, toute la journée, sans manger. Quand ils rentraient le soir, ils devaient se contenter des restes. S'il y en avait. Les trois frères ne seront jamais inscrits à l'école alors que leurs cousins, qui vivaient dans la même maison qu'eux, y allaient. Les oncles disaient qu'ils ne pouvaient pas envoyer tous les garçons de la famille à l'école. Il fallait que quelques-uns s'occupent des bêtes. Ahmed a quand même appris l'alphabet arabe en fréquentant pendant quelques mois l'école coranique – ça lui servira plus tard pour lire et écrire. Il était si malheureux là-bas qu'il fera plusieurs fugues. A plusieurs reprises, il essaiera de rejoindre sa mère, qui était revenue à Benramdane, chez ses frères. Mais, à chaque fois, ces derniers, ne voulant pas des neveux non plus, avertissaient son grand-père paternel afin qu'il vienne le récupérer. Ce qu'il faisait, avec force coups de bâtons bien entendu. Une fois, le grand-père a dû rester deux jours à l'attendre, pendant lesquels Ahmed était caché dans la forêt. Mais la faim et le froid l'ont obligé à rentrer à la maison, pensant que le grand-père était reparti. Il a dû se résoudre à le suivre... en pleurant.

Ahmed était dynamique et rusé. Depuis son jeune âge, il aimait l'argent et savait se débrouiller pour en gagner. Enfant déjà, il proposait aux éleveurs de la région de leur garder, moyennant des petites sommes d'argent, leurs moutons et leurs vaches, en même temps que celles de ses oncles. Avec ses frères, ils s'étaient fixé un but : amasser un petit pactole afin de pouvoir rejoindre leur mère à Benramdane et de s'installer avec elle ailleurs que chez leurs oncles. A l'âge de 15 ans, Ahmed s'est senti suffisamment fort pour tenter de nouveau l'aventure. Alors qu'il était le plus jeune, c'est lui qui a incité ses deux frères à le suivre et, un jour, ils sont arrivés tous les trois chez leur mère. Cette fois leurs oncles maternels, n'ayant plus affaire à des enfants mais à de jeunes adultes, n'ont pas osé les renvoyer. D'autant plus qu'ils ne venaient pas les mains vides mais avaient de quoi subvenir à leurs besoins pour quelque temps. L'un des oncles a alors vidé l'un de ses poulaillers et le leur a donné afin qu'ils s'y installent provisoirement.

Les Chaabani (c'est leur patronyme) étaient ce que l'on peut appeler une famille de travailleurs. Se sentant plus forte grâce à la présence de ses quatre garçons – le dernier, qu'elle avait dans son ventre à la mort de son mari, était devenu un adolescent –, la mère aussi s'est mise à la tâche. Elle confectionnait des confiseries que ses fils allaient vendre sur le marché de Benramdane. Elle élevait aussi des poules pondeuses et vendait les œufs aux gens du village. Les garçons, quant à eux, se sont faits porteurs au marché de gros de Bougara [1]. Ils étaient costauds et les mandataires appréciaient leur endurance au travail. Dépensant peu et épargnant beaucoup, la famille Chaabani a accumulé un peu d'argent. Mais ce n'était toujours pas suffisant pour acheter ou louer une maison et sortir du poulailler où ils vivaient. Un jour, la chance sourit à Ahmed. Il trouva, dans la rue, un portefeuille contenant trente mille dinars – les mauvaises langues disaient qu'il avait volé cet argent mais lui jurait sur tous les saints qu'il l'avait trouvé. Cette somme, ajoutée à celle que la famille avait amassée grâce à ses menus travaux, lui permit d'acheter, pour cent cinquante mille dinars, une maison à Haï Bounab, tout près de la nôtre. A ce prix-là, ils ne pouvaient avoir qu'une carcasse, en fait. Elle était spacieuse et comportait plusieurs pièces, mais il n'y avait que des murs en ciment. En guise de portes et de fenêtres, il n'y avait que des trous. Beaucoup de gens achètent des maisons comme celles-là. D'abord parce que la crise du logement est telle que le plus important est d'avoir un toit. Ensuite, ces maisons sont évidemment beaucoup moins chères que les autres qui sont finies. Leurs acquéreurs les terminent après, à leur goût.

A Haï Bounab, la mère a poursuivi ses activités com-

1. Bougara : ex-Rovigo, commune de Blida, dans la Mitidja. L'un des premiers fiefs du GIA.

merciales. Elle savait faire beaucoup de choses. Des tapis par exemple, qu'elle revendait. En plus des œufs et des confiseries qu'elle n'avait pas cessé de vendre. Grâce à ce petit commerce, les Chaabani ont acquis un fourgon dont l'aîné des frères s'est servi pour ouvrir une ligne de transport en commun entre Haï Bounab et Baraki. Plus tard, transformant une des pièces de la maison qui donne sur la rue, ils ouvrirent un magasin d'alimentation générale que le deuxième frère prendra en gérance. Puis ils ont acheté deux vaches et la mère s'est mise à produire et à commercialiser du lait, du petit lait et du beurre – très prisés par les habitants de la grande ville, les laitages de vache fabriqués de façon traditionnelle sont très chers. Toute la famille travaillait, mais c'est la mère qui gardait l'argent. En revanche, chaque fois qu'ils achetaient un bien quelconque, ils le mettaient au nom du fils aîné. C'est la tradition chez nous. C'est ainsi que, petit à petit, ils sont devenus l'une des familles les plus aisées du hameau. Ils achevèrent les travaux de construction de leur maison et l'aménagèrent de façon plutôt agréable et confortable. Bref, ils ne manquaient plus de rien. L'aîné des frères, Bilal, était très pieux mais égoïste. Il n'était jamais satisfait et en voulait toujours plus et rien que pour lui. Il ne partageait rien avec ses frères. Comme, en plus, il était le chouchou de sa mère, celle-ci le soutenait dans tout ce qu'il faisait. Mais il n'était pas méchant comme le puîné, Nouredine, qui me fera beaucoup de mal par la suite.

Les deux seront un jour décapités par les « patriotes [1] » et jetés dans un ravin.

1. Patriotes : groupe de légitime défense. Corps de civils, suppléants de l'armée, créé pour défendre les villages contre les terroristes.

5

C'est donc là, à Haï Bounab, que celui qui deviendra mon mari – quasiment en même temps qu'il devenait « émir » du GIA – vint habiter, avec sa famille, au printemps de l'année 1992. Tout près de chez nous. La maison de mes parents porte le numéro 1 et celle des Chaabani le numéro 2. Ahmed avait alors dix-huit ans et un esprit d'adulte. Les souffrances qu'il avait vécues étant enfant l'avaient endurci. Moi, j'en avais seize. C'était, quand j'y pense aujourd'hui, un véritable petit voyou. Mais avec tellement de charme qu'il arrivait à se faire aimer par la majorité des gens. Il avait surtout un comportement inhabituel pour notre paisible hameau. Faire la cour à toutes les filles du voisinage, par exemple. Sans vergogne. Les parents en étaient franchement choqués. Très conservateurs, il considéraient cette attitude comme manquant aux règles les plus élémentaires de la bienséance. Mais le pire de ses vices était... le vol. Il volait les fruits dans les vergers alentour pour les revendre au marché. Intenable, il passait son temps à faire des choses répréhensibles. Tout le monde le surveillait tout le temps. Les pères par crainte pour leurs filles, et les agriculteurs pour leurs récoltes. Il avait du reste réussi à entraîner mon petit frère avec lui dans ses combines. C'est lui qui introduisit chez nous cette mauvaise habitude qu'est le chapardage. Auparavant, personne ne le faisait.

La famille Chaabani, ne comptant que des garçons, était enviée par les autres – plusieurs mâles dans une même famille, c'est signe de prospérité future. Et comme chez nous la corvée d'eau incombait aux filles, je suis allée, sur le conseil de ma mère, proposer mes services à Mme Chaabani. C'était l'usage : s'entraider entre voisins afin qu'aucun d'entre nous ne ressente un quelconque manque. Quand j'ai frappé à leur porte, c'est Ahmed qui m'a ouvert. Je crois qu'il m'a plu aussitôt, mais je ne l'ai pas vraiment réalisé. C'était la première fois que j'éprouvais une telle sensation. Bizarre et agréable en même temps. Et puis, dans ma tête, je refusai a priori ce sentiment. Il est très mal vu chez nous, quand on est une jeune fille bien, de penser à un garçon de cette manière. J'ai été élevée dans la crainte du déshonneur et il ne fallait surtout pas transgresser les tabous. Je crois que je lui ai fait de l'effet aussi, puisqu'il se mit à me taquiner alors qu'il me voyait pour la première fois. J'avoue que cela ne m'a pas déplu. Il me fit rire, en tout cas. Mais je me dis que je ne devais pas accepter ce genre d'attitude de sa part sous peine d'être traitée de dévergondée si les voisins l'apprenaient. Alors, pour me disculper et empêcher les ragots, je suis allée raconter ce qui s'était passé à son frère Bilal, qui l'a sermonné vivement. En tant qu'aîné de la famille, Bilal portait la responsabilité de la maison et tenait à instaurer de bonnes relations avec les voisins. Il ne souhaitait pas que leur arrivée à Haï Bounab débute par un conflit. A fortiori de ce type.

Ce qui n'aurait pas manqué d'arriver si j'avais raconté cette histoire à mon père. Mais je ne l'ai pas fait parce que, au fond, je ne voulais pas couper définitivement les ponts avec Ahmed. D'ailleurs, pendant que son frère le réprimandait, moi, je riais avec ostentation. Exprès, pour le provoquer... C'est toujours avec beaucoup de nostalgie et de plaisir que je me rappelle notre première rencontre. J'étais loin d'imaginer, à ce moment-là, où elle me mènerait.

Depuis ce jour, je ne cessai plus de penser à lui. Deux mois après l'installation des Chaabani à Haï Bounab, une autre famille est venue habiter également près de chez nous. Elle comprenait une fille plus âgée que moi d'un an, Naima, fort jolie et sympathique. Très vite, nous sommes devenues amies. Tout naturellement, je me suis confiée à elle et l'ai entretenue de mes sentiments pour Ahmed, pensant qu'elle m'aiderait à nouer une relation avec lui. Mais, un jour, je les ai trouvés ensemble. Elle, à sa fenêtre, et lui, à l'extérieur. Ils étaient enlacés et discutaient. Ce fut mon premier chagrin d'amour. Je l'ai dit à Naima, qui ne s'en soucia pas. J'en fus très malheureuse, je pleurais tout le temps. Heureusement pour moi, Naima était aussi volage qu'Ahmed. Avant d'arriver à Haï Bounab, elle avait un autre ami qui habitait aux Eucalyptus, et avec lequel elle entretenait toujours une relation. Cet ami fréquentait le même lycée qu'elle, à Baraki. Naima, qui n'avait pas la même retenue que les autres filles de notre hameau, s'affichait partout avec lui. Elle allait avec lui à Chréa, au cinéma à Alger, à la plage, etc. Ahmed finit par l'apprendre et la quitta aussitôt. Évidemment, cette histoire arrangeait bien mes affaires. J'allais pouvoir récupérer enfin l'homme que j'aimais. Cet épisode m'a fait comprendre la véritable nature de mes sentiments pour lui et m'a incitée à précipiter les choses. Je me suis donc décidée à lui faire ma déclaration avant qu'une autre fille ne tourne encore autour de lui. J'ai trouvé un moyen très simple : un jour qu'il passait devant chez moi, je me suis arrangée pour attirer son attention et l'ai regardé fixement en lui faisant un sourire très suggestif. Il comprit. Et réagit aussitôt. Il m'écrivit un mot qu'il me fit parvenir par ma petite sœur. Dans ce mot, il me disait que je lui plaisais beaucoup et qu'il voulait approfondir notre relation. Avec la même rapidité, je lui répondis que j'étais d'accord, à condition que ni mon père, ni mes frères, ni les voisins ne le sachent. Il restait un problème à régler : comment le voir sans éveiller les soupçons ? Sachant que mes parents devaient s'absenter deux jours plus tard, je convins avec lui d'un rendez-vous pour ce jour-là. Tout de suite, il me parla de mariage et, le lendemain, il alla demander ma main à mon père, lequel, tout en appréciant son côté travailleur, ne le prit pas du tout au sérieux. Ce qu'il n'aimait pas du tout en lui, c'était ce vice rédhibitoire : le vol. Moi non plus, et je le lui dis. J'ai même essayé d'en faire une condition à notre liaison : « Si tu m'aimes, arrête de voler », lui dis-je. Rien à faire, il continua comme avant. Voyant qu'il ne pouvait pas s'en passer, je lui ai trouvé des circonstances atténuantes. Je me suis dit qu'ayant été élevé sans famille, livré à lui-même et sans affection, il était normal qu'il ait un comportement de voyou. En tout cas, mon père rejeta sa demande en mariage sans même prendre la peine de l'étudier ou de m'en parler.

Cela ne nous empêcha pas de continuer à nous voir.

Nous nous arrangions pour nous rencontrer dans des endroits isolés à Haï Bounab. Quand c'était possible, nous allions faire un tour à Baraki. Pas trop loin. Les copines étaient dans le coup et mes petites sœurs aussi – pas mes frères. Quand l'une d'entre elles le voyait passer, elle venait aussitôt m'avertir et me signaler où je pouvais le trouver. Alors, si ce n'était pas trop loin de la maison, je le rejoignais en courant et nous passions un petit moment ensemble. Nous nous voyions toujours en cachette. Mais c'était bien. Nous étions heureux comme ça.

Nous avions une voisine qui passait son temps à surveiller tout le monde. C'était une vraie commère et, de plus, elle était très envieuse et jalouse. Un jour, elle m'a surprise avec Ahmed. Elle alla le raconter à ma mère, qui ignorait tout de cette liaison. Ma mère entra dans une rage folle. « Ainsi, tu fréquentes les garçons. Ce voyou en plus. Tu veux nous déshonorer ? », me cria-t-elle. Elle m'a même frappée. A partir de ce jour, elle m'obligea à exécuter tous les travaux lourds de la maison que je ne faisais pas avant : « Si tu es assez grande pour avoir une liaison amoureuse, tu dois l'être aussi pour travailler », me répétait-elle. Le plus insupportable pour moi était qu'elle m'empêchait de sortir et donc de voir Ahmed. Devant ce traitement injuste, je finis par amadouer ma mère en lui expliquant toute la vérité. Mais elle ne comprenait pas pourquoi, de tous les garçons du hameau, je choisissais celui qu'elle estimait le moins recommandable. Celui qui volait les fruits des voisins pour s'acheter des Reebok et des jeans neufs, le dragueur invétéré, le bagarreur qui avait toujours des coquards aux yeux, etc. Cependant, voyant que ses discours n'avaient aucun effet sur moi, elle finit par admettre que je l'aimais vraiment et qu'elle n'y pouvait rien – elle et moi avons toujours été assez complices, en fait. Elle s'avoua vaincue : « Tu peux continuer à le voir, mais fais seulement attention à ton honneur. » Elle avait remarqué, d'ailleurs, que mon comportement avait changé depuis quelque temps. Quand il tardait à venir me voir, j'étais comme une folle, je pleurais sans raison apparente et faisais n'importe quoi. Un jour, j'étais tellement irritée de ne pas avoir eu de ses nouvelles depuis plus d'une semaine que, sans m'en rendre compte, j'avais pris des ciseaux et m'étais coupé les cheveux dans tous les sens.

Ahmed s'absentait souvent. Son travail de porteur au marché de gros n'était plus assez rentable selon lui. Il voulait gagner beaucoup d'argent, et vite. Ayant vraiment la fibre commerçante, il se mit alors à organiser, avec des amis, des déplacements très loin de Haï Bounab, jusqu'à Sétif[1], pour acheter des objets de contrebande afin de les revendre à Alger. De là, il rapportait de la vaisselle, des vêtements, des produits alimentaires, etc. Tous venus de l'étranger. Il allait aussi en Libye, alors qu'il ne possédait pas de passeport – il n'avait qu'une carte nationale d'identité et un permis de conduire. Il passait par la frontière sud du pays et faisait de grands détours pour arriver à destination. De Libye, il rapportait les mêmes produits, plus des bijoux, des cosmétiques et parfois des voitures. Qu'il revendait en l'état, ou bien en pièces détachées.

Plus tard, ce seront des armes et des explosifs.

1. Sétif : à trois cents kilomètres à l'est d'Alger, cette ville est connue depuis longtemps pour être un grand marché de la contrebande.

6

Ma relation avec Ahmed se poursuivit tranquillement. Il avait beau s'adonner à un commerce florissant, jamais je ne lui ai demandé de m'offrir quelque chose. Je ne voulais pas qu'il me croie matérialiste, comme les autres filles. Lui, il n'y pensait pas non plus. Il n'était pas du genre attentionné. Le seul cadeau qu'il m'ait fait avant notre mariage, c'était une bague en cuivre, tout en exigeant que je ne porte aucun autre bijou, en signe de fidélité. Je l'ai acceptée pourtant avec joie, comme le plus beau des cadeaux. Il m'envoyait des lettres aussi, où il m'écrivait des poèmes et tout ce qu'il n'avait pas le temps de me dire de vive voix. Des cassettes également. Son chanteur préféré était Cheb Hasni [1]. Chaque fois que nous nous rencontrions, il me chantait les chansons de son idole. Car il avait une belle voix. Son air préféré était : *Tal ghiabek ya ghazali* [2].

Ahmed était vraiment une « tête brûlée ». Quand il décidait de faire une chose, il ne réfléchissait jamais

1. Cheb Hasni : chanteur de raï très populaire, assassiné par le GIA à Oran, en 1995.

2. Ton absence a trop duré mon amour.

aux conséquences. Un soir, par exemple, il est venu frapper à la fenêtre de la chambre que je partageais avec mes sœurs, et qui donnait sur la rue. Il savait que ce soir-là mon père travaillait – avant d'être balayeur, il a été, pendant quelques mois, gardien de nuit dans une usine. Il voulait profiter de son absence pour me voir. Il savait aussi que je dormais à côté de la fenêtre. Il a frappé mais je ne me suis pas réveillée. Alors il a cassé les volets – c'était l'été, les vitres n'étaient pas fermées – et a introduit un long fil de fer à l'aide duquel il a essayé de me réveiller. Il ne pouvait pas entrer lui-même dans la chambre à cause des barreaux qui barricadent les fenêtres. Je me réveillai enfin – j'ai toujours eu le sommeil lourd – en sursaut, me demandant ce qui se passait. Quand je compris la situation, je suis entrée dans une colère noire et lui ai fait observer tous les ennuis qu'il risquait de me causer par son inconscience. Il me répondit simplement qu'il avait agi comme un automate et n'avait pas du tout réalisé comment il s'était retrouvé chez moi. Depuis ce jour, il revint toutes les nuits. Mais avec mon consentement, cette fois. Jusqu'au jour où son frère, Nouredine, l'a surpris. C'est à moi que ce dernier fera des reproches, me traitant de traînée et m'accusant d'avoir piégé son frère. Il profitera par la suite de ma crainte à l'idée que mes parents apprennent les visites nocturnes d'Ahmed pour me faire des avances et essayer de me faire chanter. Quand je l'ai rabroué, il m'a menacée de se venger un jour. Connaissant le tempérament impulsif d'Ahmed, je me suis abstenue de lui raconter la conduite indigne de Nouredine, de peur que les deux frères ne se bagarrent à cause de moi. Mais il remarqua que quelque chose avait changé en moi. En effet, j'avais peur que Nouredine rapporte à mes frères ce qui s'était passé. Bien que plus jeunes, mes frères avaient du pouvoir sur moi.

Quelques jours après cette histoire, Nouredine me causa un autre problème qui bouleversera totalement ma vie. J'avais envoyé une lettre à Ahmed qui l'avait oubliée dans la poche de son pantalon. Nouredine la trouva. C'était l'occasion qu'il attendait pour se venger de moi. Il alla, sur l'heure, montrer la lettre à sa mère, laquelle fit un scandale. Elle sortit sur le seuil de sa porte en criant, à l'adresse de mes parents : « Retenez vos filles ! Je sais que vous voulez à tout prix me prendre mes fils, j'en ai la preuve maintenant ! » Pour tout le monde, j'étais évidemment la seule coupable. Devant mon père, j'ai tout nié. Ma mère a pris mon parti mais l'affaire se répandit comme une traînée de poudre dans tout le hameau. L'opprobre venait d'atteindre notre famille. De ce jour, mon père m'interdit de mettre le nez dehors. Je restai près de six mois sans adresser la parole à Ahmed. Quant à lui, il disparut pendant trois mois. Il se cacha chez ses oncles à Benramdane. Puis il est revenu un jour, comme si de rien n'était. A peine arrivé, il m'a fait parvenir un message par une petite voisine, dans lequel il me présentait ses excuses pour ce qui était arrivé et prétendant qu'il n'en était pas responsable. Je ne lui ai pas répondu cette fois-ci. Ni les autres fois.

Un soir, alors que j'étais au lit et commençais à m'assoupir, il frappa à ma fenêtre, comme avant. Je devinai que c'était lui, mais feignis de ne pas entendre. Le hasard a voulu que, juste à cet instant, mon frère sorte de la maison. De crainte d'être vu par lui, Ahmed sauta par-dessus le mur et se retrouva dans notre cour.

Ma mère, qui ne dormait pas encore, entendit le bruit, se précipita dans la cour et le vit. Comble de malchance : en sautant, il était tombé sur une bassine où se trouvaient quelques assiettes sales, ce qui avait provoqué un tel fracas que toute la maisonnée se réveilla. Cette fois, ma mère ne pouvait plus me couvrir. Mes frères, furieux, décidèrent de tout raconter à mon père. Quand ce dernier est rentré de son travail, le lendemain matin, c'est ma mère qui lui a tout révélé avant que mes frères ne le fassent en y ajoutant un peu de leur fiel. Ce jour-là, mon père s'est senti humilié. Ahmed lui avait manqué de respect. « Si ça continue comme ça, ce garçon et cette fille vont nous couvrir de honte. Il faut éloigner la fille d'ici », décréta-t-il. Puis, sans rien me dire, sans aucun reproche, il m'emmena, dans les heures qui suivirent, chez mes oncles à Cheraga. J'ai eu beaucoup de peine pour mon père ce jour-là. J'étais très gênée devant lui. J'aurais préféré qu'il crie, qu'il me frappe même, au lieu de ce silence pesant dans lequel il s'était enfermé. J'étais la préférée de tous ses enfants et je l'avais déçu.

Je suis restée deux ans cloîtrée à Cheraga, mes oncles surveillant tous mes faits et gestes. J'étais devenue la honte de la famille. Je n'ai pas revu Ahmed pendant ces deux années, mais j'avais des nouvelles de lui de temps en temps. Puis, un jour, mon père vint me dire qu'il me demandait officiellement en mariage. Il l'avait fait à deux reprises, auparavant, essuyant un refus à chaque fois. Mais, devenu entre-temps membre du GIA, Ahmed semait la terreur dans le hameau. Mon père restait farouchement opposé à mon mariage avec lui. Il le lui a déclaré, mais de façon plutôt molle. Comme tout le monde, il avait peur du GIA. Lorsqu'il est venu m'annoncer la nouvelle, il a fait part de ses craintes à ma tante – pas à moi parce que, chez nous, un père ne parle pas de ces choses à sa fille. « Si je n'accepte pas, je sais qu'il peut la prendre contre mon gré », lui dit-il. Alors, plutôt que d'essuyer l'affront de se voir prendre sa fille de force, il préféra se plier à la volonté d'Ahmed. Ma tante s'effondra, elle haïssait par-dessus tout le terrorisme et les terroristes. Mais il fallait bien se rendre à l'évidence : le plus téméraire d'entre nous n'aurait pas osé affronter le GIA. Quant à moi, je dois reconnaître que nos deux ans de séparation n'avaient en rien altéré mes sentiments pour Ahmed et que j'étais trop contente de le revoir. Je n'ai pas pensé au reste. D'ailleurs, je ne croyais pas tout ce que l'on me racontait sur lui. A plusieurs reprises, en effet, des gens, y compris mes frères, m'avaient raconté qu'Ahmed et ses amis étaient devenus terroristes, mais j'étais convaincue que c'étaient des mensonges pour m'obliger à me détacher de lui. C'était un samedi. Mon père me dit : « Si tu es d'accord, prépare-toi pour mercredi. Je reviendrai te chercher. »

C'est avec une très grande joie que je me préparai.

7

En arrivant à Haï Bounab, de la vitre de la voiture qui me menait vers la maison de mes parents, j'aperçus Ahmed en compagnie de quelques amis. Ils étaient en train de construire notre future maison. Dans ces régions où la plupart des constructions sont anarchiques, il n'est pas nécessaire de posséder un terrain, ni un permis de construire. Il suffit d'élever des murs en parpaings sur un espace quelconque pour être chez soi. La vue de cette bicoque inachevée m'emplit de bonheur. Trois jours plus tard, nous nous mariâmes à la mairie d'El Harrach. La cérémonie traditionnelle aurait lieu deux jours plus tard. Après notre passage devant monsieur le maire, et après que nous fûmes retournés chacun chez soi, Ahmed est venu chez mes parents. Il a insisté pour me parler en tête-à-tête malgré la désapprobation de mon père, pour lequel, tant que le mariage n'était pas consommé, j'étais encore sous sa tutelle. Mais Ahmed ne fut pas ému par les protestations de mon père, qui finit par accéder à sa demande. Il voulait en fait me prévenir de certains changements qui s'étaient opérés en lui. Sans doute de sa nouvelle vie depuis son adhésion au GIA. Mais il n'eut pas le temps de le faire, choqué qu'il était par mes propres changements. Une cousine m'avait préparée pour le mariage. Elle m'avait teint les cheveux et coiffée. Elle m'avait aussi épilé les sourcils et maquillée. Quand Ahmed entra et me vit comme cela, il poussa un cri. Puis, il se mit à réciter des incantations et à invoquer Dieu. Je fus moi-même très surprise de sa réaction. Il m'avait souvent dit, avant notre séparation, qu'il aimait les femmes naturelles, mais je ne pensais pas qu'un peu de maquillage le heurterait à ce point. Il me demanda : « Pourquoi tu t'es fait ça ? » Ne sachant que répondre, je lui dis : « Ce n'est pas moi, c'est la coiffeuse. Et puis toutes les mariées se font belles le jour de leurs noces. » Ce n'était pas son avis, apparemment. Il prit un ton solennel pour me déclarer : « A partir de maintenant, il ne faudra plus que tu ailles au bain maure ni chez le coiffeur. Quant au maquillage, c'est la dernière fois que je te vois avec. » Décontenancée, je lui fis part de mon étonnement à l'idée que le bain maure me soit désormais interdit. Il m'expliqua : « Le bain, c'est péché. Une femme ne doit pas se dénuder, même pas devant une autre femme. » Puis il m' ordonna : « Mets ton *khimar*[1]. Que je ne voie plus cette teinture dans tes cheveux. » Là, j'ai commencé à me demander si tout ce que l'on m'avait raconté sur lui n'avait pas un fond de vrai. Alors, pour en avoir le cœur net, je poussai la provocation : « Chante-moi une chanson de Cheb Hasni, comme tu me le faisais avant. Sais-tu que j'ai beaucoup pleuré le jour où il a été assassiné ? » Il me répondit sur un ton qui n'admettait aucune réplique : « Je t'interdis de pleurer pour ce *taghout*[2]. Il a mérité de mourir. Avec ses

1. *Khimar* : foulard dont les femmes islamistes se couvrent la tête.
2. *Taghout* : tyran. Terme par lequel les islamistes désignent tous les

chansons, il détournait la jeunesse du droit chemin. » C'était clair, mais j'insistai pourtant et lui rappelai l'époque où il vaquait tout le temps, son poste sur l'oreille, à écouter son idole, Cheb Hasni, et où il n'y avait pas une de ses chansons qu'il n'ait apprise par cœur. Il me rétorqua, sur un ton plus sévère : « A l'époque, je vivais dans l'ère de l'ignorance[1]. »

Il n'y avait plus de doute possible. Ce que l'on m'avait dit de lui n'était pas faux. Après deux ans de séparation, je retrouvais un homme totalement différent de celui que j'avais laissé. Je ne saurais décrire ma déception. J'avais imaginé autrement nos retrouvailles. Une angoisse telle me serrait le cœur que, dès qu'il fut sorti, pour ne pas étouffer, je me mis à crier. Ma mère accourut, se demandant ce qui m'arrivait. Quand je lui fis part de ma découverte, elle n'eut qu'une phrase à mon adresse : « Nous t'avions prévenue. C'est toi qui l'as voulu, alors tu n'as plus qu'à assumer ton choix maintenant. » Je compris que je venais de faire une grosse erreur, mais, curieusement, et contre toute évidence, il me restait un brin d'espoir : tout ceci n'était peut-être qu'un jeu, ou bien, une fois mariés, je parviendrais à le transformer. Mais, pour être tout à fait sincère, ce qui comptait le plus pour moi en cet instant était d'être son épouse et de vivre avec lui. Quoi qu'il ait pu arriver ce jour-là, je ne pense pas que je l'aurais quitté.

La veille de la cérémonie traditionnelle, Ahmed a emprunté à mon père des plaques de tôle ondulée – que celui-ci gardait en réserve – pour couvrir les pièces en

représentants de l'État, et, par extension, tous ceux qui ne sont pas dans leur camp.

1. Ère de l'ignorance : Pour les musulmans, l'ère antéislamique.

parpaings qu'il avait construites pour nous, et qui n'étaient toujours pas terminées. Le manque de confort ne m'inquiétait nullement. Pour ma dot, Ahmed m'a donné trente-cinq mille dinars, avec lesquels je me suis acheté deux tenues vestimentaires et deux chaînes en or. C'est ma mère qui en a décidé ainsi, une mariée ne va pas dans la maison de son mari sans bijoux. Après ces menues dépenses, il ne me restait plus rien pour les préparatifs des noces. Mon père, ayant dès le début exprimé clairement et vivement son opposition à ce mariage, n'a pas levé le petit doigt pour nous aider à sauver la face. Il est vrai qu'avec son salaire de balayeur il ne pouvait pas faire de folies, mais il aurait pu emprunter un peu d'argent à ses frères... C'est ma mère qui a tout organisé de façon à ce que la fête ait lieu normalement. Encore une fois, ce sont les voisins qui sont venus à mon secours. Certains m'ont offert les gâteaux, d'autres la viande pour le repas...

Le jour J, Ahmed et ses frères devaient venir me chercher vers onze heures. J'ai attendu jusqu'à quatorze heures. Ses frères ne sont pas venus. Leur mère, opposée également à ce mariage, le leur avait interdit. Quant à lui, il est arrivé avec ses amis, dans trois voitures toutes neuves, deux Mercedes Phantom et une troisième dont je ne connais pas la marque, mais aussi belle que les autres. Quand je l'ai interrogé sur son retard, il m'a répondu qu'il était avec le « groupe [1] ». J'ai eu ainsi la confirmation que ce « groupe », pour lequel il avait négligé même son mariage, était très important pour lui.

1. « Groupe » : terme par lequel Ahmed désigne tout le temps le groupe du GIA dont il était membre au début, puis émir par la suite.

Dès le premier jour, sa mère me manifesta son hostilité. Elle m'avait gardé rancune depuis la dernière fois. Elle avait juré, à l'époque, qu'elle ferait en sorte de ne plus jamais avoir affaire à moi ni à ma famille. Elle non plus n'est donc pas venue me chercher à la maison de mes parents pour m'emmener dans la sienne, comme le veut la coutume. Elle délégua la femme de son fils aîné. Mais je n'en fis pas cas et me promis que tout cela changerait par la suite.

Quand je suis entrée dans la chambre à coucher, j'ai vu des cassettes audio sur la table de nuit. Cette vue m'a comblée de joie. J'ai pensé, durant quelques minutes, qu'Ahmed n'avait pas changé autant qu'il y paraissait puisqu'il écoutait toujours de la musique. Comme avant. Je me précipitai sur le poste pour écouter une cassette. C'étaient... des versets du Coran. Quelle déception ! Mes tantes, qui m'avaient accompagnée, étaient, quant à elles, consternées. Elles portaient, comme d'habitude en de pareilles circonstances, des robes légères et décolletées – d'ailleurs, nous étions au mois d'août et il faisait très chaud –, ce qui est formellement interdit chez les islamistes. Par crainte d'une réaction inattendue de la part d'Ahmed, elles remirent aussitôt leur voile [1]. Celles qui étaient encore sceptiques quant à sa transformation étaient maintenant averties. A commencer par moi. Malgré mon dépit, je mis quand même une belle robe, comme font toutes les mariées, et me mis à attendre. Sans trop

1. Dans de nombreuses régions, notamment à la campagne, les femmes, pas forcément islamistes, se voilent pour sortir. Mais à l'intérieur des maisons elles se découvrent, contrairement aux militantes islamistes qui conservent leur voile même à l'intérieur.

savoir que penser. Je constatais que les femmes de sa famille semblaient étonnées devant mon comportement. Elles connaissaient la vérité et trouvaient mon attitude peu conforme aux normes des islamistes. Puis, l'une de ses cousines, Houria, qui se prétend plus pieuse que les autres, arriva. Elle me dit sur un ton impératif : « Il ne faut plus que tu portes des robes courtes, ni que tu teignes tes cheveux ou que tu te maquilles. » Je saurai, par la suite, que Houria travaillait avec le « groupe ». Elle me reprocha également d'avoir dessiné un oiseau sur un tapis que j'avais confectionné spécialement pour ma nouvelle maison : « Tu as commis un péché en représentant un être vivant, me dit-elle. Le jour du Jugement dernier, cet oiseau exigera de toi que tu lui donnes la vie. » J'avoue qu'elle réussit à m'impressionner. Je commençai à me poser sérieusement des questions. Auxquelles je n'avais évidemment pas de réponse.

Plus tard dans la soirée, ma belle-mère est venue me saluer. La coutume chez eux veut que lorsqu'une mariée arrive dans la maison, elle doit garder son voile sur son visage jusqu'à ce que l'un des frères du mari la découvre. Moi, j'attendrai en vain. Ses frères aussi étaient contre ce mariage à cause de l'histoire qu'il y avait eue avant entre nos deux familles. C'est l'un de leurs oncles qui fera le geste à leur place. Vu les mauvaises dispositions d'esprit dans lesquelles était toute ma belle-famille à mon égard, lorsque ma belle-mère m'apporta un café, ma mère craignit un ensorcellement. C'est elle qui l'a bu.

Ce n'est que très tard qu'Ahmed arriva. Il portait un costume et un burnous que l'un de ses amis, marié une semaine avant nous, lui avait prêtés. Il m'avoua avoir hésité entre cette tenue et l'accoutrement de mariage réglementaire des islamistes : *kamis*[1], les yeux cernés de khôl, les dents blanchies au *siwak*[2], les cheveux graissés à l'huile d'olive et du henné sur les mains et les pieds. C'est ainsi que, selon eux, s'habillait le prophète Mohamed. « Mais comme tu ne m'avais jamais vu comme ça auparavant, j'ai pensé que tu pouvais avoir peur de me voir dans cette tenue, alors je me suis mis en costume normal, ajouta-t-il. » Puis, il me demanda, à brûle-pourpoint : « As-tu fait ta prière du Dhor[3] ? » Je ne l'avais pas faite, bien sûr. Je me mis à rire pour me donner une contenance, puis j'ai trouvé un subterfuge. « Regarde, j'ai du vernis sur les ongles et la prière n'est pas permise avec ça, tu le sais bien. » Il me toisa sévèrement : « Si tu n'as pas fait ta prière du Dhor, tu n'as pas fait celle du Asr[4] non plus, alors. Tu es impure et tu te présentes à moi comme ça ? » Ça commençait bien. Puis il se reprit, se rendant compte que ce n'était pas l'accueil que l'on fait à son épouse, le jour de ses noces, et il se fit un peu plus doux : « Ce n'est pas grave, pour le vernis, tu as une excuse, c'est le jour de ton mariage. Tu peux faire ta prière avec. » J'osai alors lui dire timidement que ce qui m'ennuyait le plus, c'était de sortir dans la cour pour faire mes ablutions, au risque d'abîmer mon maquillage en plus. Il me proposa une solution : « Tu n'as qu'à faire tes ablutions avec une pierre[5] ». Je me

1. *Kamis* : longue robe que portent les hommes islamistes.
2. *Siwak* : écorce de noyer qu'utilisent les islamistes pour se blanchir les dents, comme au temps du prophète Mohamed.
3. Prière du Dhor : prière du début de l'après-midi.
4. Prière du Asr : prière du milieu de l'après-midi.
5. Dans les endroits où l'eau est rare, il est permis de faire ses ablutions

suis exécutée. Puis il prit place devant et moi derrière, puis nous avons prié ensemble. Une prière qui dura près de deux heures. Interminable. Je n'en pouvais plus. A la fin, je sentis une grande fatigue. J'avais mal aux genoux et la tête me tournait. C'est la façon des « frères » de faire la prière.

Ce n'était pas fini pour autant. Après nos prières, il prit un exemplaire du Coran qui se trouvait sur la table de nuit et me demanda d'en lire des passages. J'en avais assez ! J'avais envie de lui jeter le livre à la figure. J'avais vraiment l'impression qu'il se moquait de moi. Quand j'ai pris conscience qu'il était sérieux, j'ai senti comme une profonde tristesse m'envahir. Je me suis laissée aller à de sombres pensées : le jour de leurs noces, les autres femmes écoutent de la musique, dansent, sont heureuses, tandis que moi, je devais prier et lire le Coran. Mais j'étais trop lasse pour résister. J'ai lu quelques versets puis je me suis arrêtée, décidée à le planter là sur-le-champ s'il me faisait une remarque ; après tout, la maison de mes parents n'était qu'à une trentaine de mètres. J'étais excédée et il était très tard. Il remarqua ma contrariété sans doute, puisqu'il me dit : « Tu dois être fatiguée, tu veux dormir peut-être ? » Nous nous mîmes enfin au lit. J'attendais cet instant depuis si longtemps. Il allait être très court. Avant l'aube, Ahmed s'est levé et est sorti. En sortant, il me dit : « Quand je reviendrai, il faudra que je trouve le déjeuner prêt pour mes "frères" et moi. »

à l'aide d'une pierre, l'important étant la symbolique du lavage. Cette permission sera étendue aux malades, mais aussi selon la convenance de certains prétendus muftis.

8

Ma nuit de noces m'avait laissé un goût plutôt amer. Je faisais la prière depuis quelques années déjà sans que personne ne me le commande et j'étais plutôt croyante, sans excès. Mais, franchement, je n'aurais jamais pensé que ma nuit de noces se passerait en prières. Ce que m'en avaient raconté les copines qui s'étaient mariées avant moi m'avait laissée espérer autre chose. Aussi, quand le matin, en sortant, Ahmed m'a ordonné de préparer le déjeuner pour lui et ses « frères », en plus de la déception, j'étais vraiment perplexe. Néanmoins, je voulus encore croire que tous ces détails, qui me choquaient, n'avaient pas grande importance. J'ai bien essayé de refuser, prétextant que j'étais fatiguée, que nous nous étions couchés tard... Il m'a répondu froidement : « Je ne veux rien savoir. Il faut que tu le fasses, sinon "mes frères" vont se moquer de moi et diront que j'ai épousé une incapable et une fainéante. » Le sachant fanfaron, je pensais sincèrement qu'il me demandait ça pour se vanter de moi devant ses amis. J'allais très vite savoir que c'était aussi un devoir. C'était cet excès de zèle qu'Ahmed montrait à accomplir les tâches ordonnées par le GIA qui lui permettra d'être promu « émir » plus tard.

Cette nuit-là, il m'a parlé de ses « frères » et de ce qu'il attendait de moi. Il m'a dit : « Maintenant que tu m'as épousé, tu es entrée dans le clan. Tu es donc devenue une sœur. Tu es obligée de préparer leurs repas et de laver leurs vêtements. Ce sera ta façon de contribuer à l'instauration de l'État islamique en Algérie. Ce travail, il faut que quelqu'un le fasse. Les "frères" combattent le *taghout*, Dieu le leur a ordonné. Il faut donc les aider à avoir la force de le faire. Et puis, tous ceux qui les soutiennent participent aussi, indirectement, au combat. Je préfère que ce soit toi. Ainsi, quand je serai "émir", tu auras le titre de « mère des croyants [1] et Dieu te comptera parmi les élus de la terre. » Il réussit à me convaincre. Il ne me fallut pas longtemps pour accepter tous ses propos. Ainsi, selon lui, tous les musulmans étaient malheureux depuis l'abolition du califat. Il fallait le rétablir pour leur rendre le bonheur. « Les moudjahidin, un peu partout dans le monde, sont en train d'œuvrer à cela. Grâce au GIA, le rétablissement du califat commencera par l'Algérie, mais une fois l'État islamique instauré ici, nous libérerons la Palestine qui est en guerre depuis de nombreuses années contre l'occupant juif, car il ne faut pas compter sur les *taghout* qui dirigent actuellement les pays arabes pour la libérer. Ensuite, ces mêmes pays seront contraints d'établir un régime islamique, l'un après l'autre. Puis ils fusionneront tous pour constituer une seule nation. Nous vaincrons alors tous nos ennemis dans le reste du monde. » Quant à

1. « Mère des croyants » : titre donné à Khadidja, la première femme du prophète qui avait, la première, embrassé la religion musulmane. Les islamistes le donnent aux femmes de leurs émirs.

l'Algérie, il faut la purifier, disait-il, de tous les corrompus qui la gouvernent et écrasent le peuple. « Nous exterminerons tous les gros bonnets. » Ahmed utilisait tout le temps un proverbe : « Il faut manger la grappe de raisin grain par grain. » Les premiers qui devaient être supprimés, selon lui, étaient les militaires – à l'époque, il n'y avait pas beaucoup de « patriotes » et peu de gens étaient armés dans les villages. « Après, ce sera le tour des journalistes. Il faudra les éliminer tous ainsi que tous les intellectuels, parce que les lettrés peuvent, avec leur savoir, nous combattre. Ensuite, nous tuerons tous ceux qui sont à des postes clés et tous leurs proches. C'est le seul moyen pour nous de pouvoir instaurer le califat. Puis nous vivrons comme on le voit dans les feuilletons télévisés. »

Ce discours m'effraya quelque peu et me séduisit en même temps, je l'avoue. Assassiner tous ces gens, cela me paraissait trop grave, mais l'idée de vivre un jour comme on le voit dans les feuilletons télévisés me semblait attrayante. Je m'interrogeai toutefois : sans intellectuels, le GIA saurait-il gouverner ? J'étais sûre que non. Pour preuve : les islamistes avaient, au début, une grande partie du peuple avec eux, mais leur ignorance les a empêchés de conserver ce capital de sympathie. Ils ont fait beaucoup de choses que les gens n'approuvaient pas, ou ne comprenaient pas, tout simplement. Comme brûler les écoles, par exemple. Leur but était qu'il n'y ait pas de savoir en Algérie, que tout le monde soit ignorant comme eux, mais je ne pense pas que les Algériens soient d'accord pour que leurs enfants soient incultes. Le fait d'incendier les écoles déplaisait fortement à la population. D'autant plus que c'étaient les écoles des pauvres qui étaient visées, pas celles des quartiers riches. Pour se justifier, les terroristes disaient qu'ils étaient contre l'enseignement d'aujourd'hui car il ne fait pas une grande place au Coran et à l'islam, et permet aux filles d'être dépravées puisqu'elles portent des pantalons et vont les cheveux au vent. Ils veulent que les filles soient voilées. Les premiers islamistes avaient déjà propagé dans les quartiers où ils étaient implantés un slogan qui disait ceci : « Cache ta mèche, puis tes boucles d'oreilles, sinon tu auras affaire à notre *mahchoucha*[1]. » Dès l'instant où elles entendirent ça, dans ces quartiers-là, toutes les femmes, même les petites filles, ne sortirent plus sans voile. Celle qui osait braver l'interdit, elle le payait, ainsi que ses parents. Comme Katia, qui a été égorgée dans son école, sous les yeux de ses camarades de classe et de son professeur, parce qu'elle refusait de porter le voile. L'histoire de Katia, on la racontait dans tous les hameaux de la région.

Dès le lendemain de mon mariage, j'ai donc endossé ma nouvelle responsabilité : cuisinière attitrée du « groupe » du GIA de Haï Bounab.

1. *Mahchoucha* : fusil à canon scié. Très utilisé par les groupes armés en Algérie.

9

Ma nouvelle fonction consistait à préparer tous les repas : petits déjeuners, déjeuners et dîners. Et parfois un quatrième repas, la nuit, quand les « frères » veillaient tard. C'étaient des repas de fête à chaque fois. Ils étaient toujours entre dix et douze à table. Pas toujours les mêmes. Ils changeaient en fonction de leurs activités dans la région. J'en connaissais quelques-uns. Quand ils étaient là, je n'avais pas le droit de rester et de bavarder avec eux. Je ne pouvais les voir que derrière un rideau, et si l'un d'entre eux devait m'adresser la parole, il devait me tourner le dos. Dans leur code de conduite, ils n'ont pas le droit de voir la femme d'un des leurs, même voilée. Il m'arrivait de me mettre près de la porte pour écouter leurs conversations, mais je le faisais en cachette. Une fois, j'ai soulevé le rideau pour me faire une idée de ces hommes devant lesquels tous les autres tremblaient. En face de moi se tenait un individu tellement grand et fort que j'en ai été impressionnée. Quand il m'a regardée, il y eut comme une lumière qui éclaira son visage. Il était si beau !... J'en fus tellement troublée que je racontai ça à mon mari. Il me sermonna vertement, bien sûr. Il n'aimait pas que je regarde ses

« frères » en cachette, et encore moins que j'écoute leurs conversations. Mon rôle devait se limiter à préparer les repas pour ces goinfres. Qui ne se privaient de rien, en plus.

Le matin, c'étaient les œufs brouillés avec du fromage fondu dedans. Pas trop cuits, « pour qu'ils conservent leurs vitamines », me disait Ahmed. Au début, je ne savais pas les faire à leur goût, c'est lui qui m'a appris. Il y avait aussi du lait chaud – rien que du naturel pur. Ma belle-mère, qui avait des vaches, leur en fournissait. D'autres voisins faisaient de même ; c'était avec plaisir qu'ils leur en apportaient tous les matins plusieurs litres. Des biscuits également que je devais leur tartiner de beurre et de confiture – en plus du pain frais que certaines voisines préparaient elles-mêmes, à l'aube, spécialement pour eux. Les tartines, c'est moi qui les faisais afin de leur éviter le moindre effort et de permettre d'économiser leurs forces pour le « grand combat ». Toute cette nourriture, « c'est pour avoir la force de combattre le *taghout* », disaient-ils. Et, éventuellement, supporter le froid et la faim. Mais ce n'était pas tout. Selon les jours, il leur fallait aussi, chaque matin, un mets traditionnel : des *mhadjeb*, du *rfis*, de la *tamina*, du *khouchkhach* ou bien des *maarek*[1]. La préparation de ces plats nécessite beaucoup de temps. Je l'entamais la veille. Pour la poursuivre quand je me réveillais, avant l'aube, tous

1. *Mhadjeb* : pâte fine grasse farcie à l'oignon, la tomate, l'ail et le piment. *Rfis* : mélange de grosse semoule grillée, de beurre et de dattes écrasées. *Tamina* : même recette mais avec du miel à la place des dattes écrasées. *Khouchkhach* : gâteaux faits avec une pâte étalée très fine et frite dans de l'huile, puis enduite de miel. *Maarek* : pâte fine grasse cuite sur une plaque de fer et enduite de miel.

les jours, afin que la table soit fin prête au moment où les « frères » se levaient. Pour préparer tout ça, il me fallait au moins deux heures. C'était très dur, je n'avais pas l'habitude de me réveiller si tôt. Mais avais-je le choix ?

Pour les déjeuners et les dîners, c'est Ahmed qui composait le menu. Il me faisait les courses et, parfois, m'indiquait comment confectionner certains plats que je n'avais pas appris à faire chez ma mère, où nous avions une nourriture très simple, de paysans. Sinon, je me renseignais auprès de certaines voisines. J'ai vite appris, mais le plus dur à maîtriser, c'était la quantité. La viande, c'étaient des quarts de mouton, sinon des demis que je cuisinais. Avec tout ce qui devait les garnir comme légumes, bien sûr. Les poulets, ce n'étaient jamais moins de six ou sept, qu'il fallait nettoyer en plus parce que Ahmed les apportait vivants du poulailler d'un voisin. C'est lui qui les égorgeait. Les frites devaient être accompagnées d'une sauce tomate à l'ail, et souvent présentées avec des merguez. Les « frères » aimaient aussi les tripes en sauce. Pour nettoyer les quatre ou cinq panses qu'Ahmed m'apportait, c'était déjà un calvaire. Sans eau courante surtout. Mais les tripes seules ne suffisaient pas. Il fallait aussi de la *chakchouka*[1] par exemple ou autre chose. Les « frères » étaient très exigeants. Les tomates, même en vinaigrette, devaient toujours être épluchées. Les poivrons et piments grillés aussi, dont ils faisaient une consommation quotidienne. J'en avais les mains brûlées en permanence. En plus des plats principaux, il

1. *Chakchouka* : salade à base de poivrons et tomates grillés, épluchés et assaisonnés avec de l'huile d'olive.

fallait également plusieurs salades, sans compter les amuse-gueules. Bref, la table devait être bien garnie. Ils aimaient aussi le poisson, les sardines notamment. Ce jour-là, je demandais l'aide des voisines et nous nous mettions à trois ou quatre pour nettoyer la dizaine de kilos nécessaire pour le « groupe ». Ensuite, je les faisais soit au four, soit en friture, avec une farce spéciale. Les plus difficiles à confectionner étaient les plats traditionnels évidemment, car ils demandent un certain doigté, de l'expérience et du temps. Pendant le ramadan, c'était pire. Alors que les « frères » ne jeûnent pas sous prétexte qu'ils sont en guerre et que le Coran « dispense du jeûne les soldats en activité », ils exigeaient quand même le repas spécial ramadan : de la *chorba*, des *bourek*[1] à la viande hachée, ou bien aux épinards et au fromage – car il fallait varier les recettes. Quand je préparais du poulet aux artichauts – un de leurs plats préférés –, je passais des heures à les éplucher. A la fin, j'en avais les mains noires et quasiment en sang.

Ce rythme de travail était d'autant plus dur qu'il était nouveau pour moi. Quand j'étais chez ma mère, je ne faisais jamais la cuisine, c'est elle qui s'en chargeait. Parfois, je me plaignais à Ahmed, notamment lorsque je suis tombée enceinte. J'essayais de l'apitoyer en lui rappelant mon état, il me répondait invariablement : « C'est ça, le mariage. » Il répétait souvent un proverbe qui veut dire que si la femme apprécie les côtés agréables du mariage, elle doit aussi en accepter les mauvais. En fait, ce qui importait le plus pour

1. *Chorba* : soupe à base de légumes, de viande et de tomates. *Bourek* : genre de crêpes farcies à la viande.

lui, c'était l'avis de ses « frères ». J'en étais arrivée à me demander parfois s'il ne m'avait pas épousée uniquement pour que je sois la cuisinière du « groupe ». Il était intransigeant et sans pitié. Pis, j'avais droit à une scène de ménage chaque fois que la dose de sel ou d'épices dépassait légèrement la normale. Ce qui arrivait souvent, au début du moins. Ma belle-mère, dont la maison était à quelques mètres de la mienne, passait de temps à autre. Elle refusait catégoriquement de m'aider, mais goûtait et me donnait son avis. Elle connaissait bien les goûts de son fils. Cette nouvelle situation l'arrangeait beaucoup parce qu'auparavant c'était elle, entre autres, qui les recevait souvent à manger. Grâce à moi, elle faisait d'une pierre deux coups : d'une part, elle était débarrassée de cette corvée et, d'autre part, elle éloignait les soupçons qui risquaient de peser sur ses trois autres fils.

Pour le « groupe », ainsi que pour nombre de voisines, mon mariage avec Ahmed fut une aubaine. Dès cet instant, j'allais être seule responsable de cette tâche ingrate qu'était l'entretien culinaire du « groupe ». Précédemment, les autres habitants de Haï Bounab s'en acquittaient à tour de rôle. Ceux qui avaient les moyens prenaient tout en charge. Les moins nantis se contentaient de la préparation, les achats étant assurés par le « groupe ». Chaque famille se faisait un devoir de l'inviter. Je peux certifier qu'il n'y a pas une seule maison du hameau où ils n'ont pas mangé au moins une fois. C'était un honneur pour la population que de les avoir à dîner ou à déjeuner. Et puis, c'était aussi une façon de se garantir les bonnes grâces du GIA. Dorénavant, ils ne viendraient plus que chez moi.

Avant moi, il y avait une autre femme dans le

hameau qui leur faisait à manger plus régulièrement que les autres. C'était une vraie militante, elle. Elle organisait des réunions politiques avec d'autres femmes à la mosquée. C'était une femme mariée qui n'enfantait pas. Son mari l'avait quittée. Il était parti un jour et elle n'avait plus eu de nouvelles de lui. Contrairement à elle, il n'était pas du tout d'accord avec le GIA, mais, n'y pouvant rien, il avait préféré disparaître. Elle-même racontait partout qu'il en avait marre de voir sa femme voilée tout le temps, y compris à la maison, et de ne l'entendre parler que de Dieu et de religion. De plus, elle était tout le temps dehors, à la mosquée essentiellement, à faire de la propagande auprès des autres femmes. Elle m'a raconté une anecdote édifiante sur les audaces dont les militantes sont capables : un jour, elle était comme d'habitude à ses activités de prosélytisme quand les gendarmes encerclèrent la mosquée. Ils recherchaient un terroriste qui s'y était caché et qui avait été dénoncé. Elle l'avait vu entrer. Lui passant un *djelbab* [1], elle l'avait fait sortir, entouré d'autres femmes. Mais elles n'avaient pas fait attention au fait que leur protégé avait des chaussures d'homme. Les gendarmes, eux, le remarquèrent. Ils arrêtèrent le terroriste, et l'embarquèrent quant à elle au poste de gendarmerie, où ils lui donnèrent la raclée de sa vie. Elle s'en souvenait encore et en parlait avec fierté.

Moi, au bout de quelques semaines de ce rythme infernal, j'étais harassée. Je n'avais même plus le temps de faire mes prières. Je passais tout mon temps

1. *Djelbab* : grand voile noir très large qui traîne par terre et que l'on porte très bas sur le front de façon à couvrir les yeux aussi.

devant les fourneaux. Et, le soir, je tombais comme une souche, ne pensant qu'à dormir. Un jour, je suis allée en visite chez mes parents. C'était la première fois, après un mois de mariage. J'ai raconté à mon père la vie que j'endurais. Il avait déjà remarqué combien j'étais amaigrie et fatiguée. Je lui ai dit aussi que je ne pouvais même pas dormir la nuit, mon mari exigeant que je fasse le guet pour lui et ses amis, et qu'avant l'aube je devais être debout pour commencer une journée de dur labeur. Mon père, dont l'affection pour moi était toujours intacte, était attristé de me voir dans cet état, mais il ne put que m'avouer son impuissance. « Que puis-je faire pour toi ? me dit-il. Rien. Tu vois comme tous les voisins sont gentils et coopératifs avec eux. Je ne peux que faire comme eux. » J'ai senti combien le pouvoir des terroristes dans le hameau était grand.

Le jour où les gendarmes viendront interroger les habitants de Haï Bounab, ils nieront tous, bien sûr, avoir eu un quelconque lien avec les terroristes. Mais moi je sais. Mon mari m'apportait des documents à garder à la maison. Je les lisais. Il y avait la liste de tous ceux qui collaboraient avec le GIA, et de quelle façon ils le faisaient. Le « groupe » écrivait tout. Même quand il décidait de tuer quelqu'un, il le mentionnait.

10

C'est Khali Rabah qui a introduit le GIA et le terrorisme à Haï Bounab. C'était au début de l'année 1994, période où il avait emménagé, avec son frère et sa famille, dans une maison proche de la nôtre, que le GIA lui avait payée. J'étais alors à Cheraga chez mes oncles. Khali Rabah et sa famille habitaient à Alger. Ça se voyait à leur façon d'être et à leurs manières, mais ils étaient pauvres. Ils avaient un lien de parenté plus ou moins éloigné avec les familles de Haï Bounab. Avant leur arrivée, c'était une localité paisible et sans histoire. Les gendarmes n'y étaient jamais venus avant l'assassinat du jeune Nacer.

Je fis la connaissance de la famille de Khali Rabah le jour de mon mariage. Sa femme et ses filles sont venues me féliciter, sans me connaître. C'est la façon des membres du GIA de se faire accepter par les gens, en leur montrant un visage avenant et prévenant. Lui, je ne l'ai vu qu'une fois, alors que j'étais venue rendre visite à mes parents, quelques mois après mon exil forcé à Cheraga. C'était un monsieur très grand et très fort. Tous les habitants du hameau savaient qu'il était l'« émir » de Haï Bounab. C'est lui qui a acheté la maison où le « groupe » se retrouvait tous les jours pour mettre au point ses actions.

Khali Rabah était venu s'installer ici parce qu'il s'était fait repérer à Alger et parce que le GIA lui avait demandé de « gérer » le hameau. Toutes les affaires de Haï Bounab devaient passer par lui. Il jugeait des conflits entre les habitants, lesquels répugnaient à mêler à leurs secrets les voisins étrangers à leur tribu, comme mon père par exemple. Le premier litige que le « groupe » eut à connaître et qui révéla à tous son existence – et sa puissance – fut l'affaire de Nacéra. Cette jeune voisine eut une aventure amoureuse avec un homme marié qui habitait un autre village, et se trouva enceinte. Alors qu'elle en était à son huitième mois de grossesse, son amant, qui ne voulait pas l'épouser, l'abandonna et alla se cacher dans sa famille près de Médéa. Les parents de Nacéra, après une plainte infructueuse devant le tribunal, décidèrent de s'en remettre à Khali Rabah. Ce dernier prit contact avec le groupe du GIA de Médéa, qui rechercha et retrouva le fugitif. Puis il l'obligea à épouser la fille. Cette histoire prouve aussi que l'amant de Nacéra avait moins peur de la justice de l'État que du GIA. Il est vrai que celui-ci n'admet pas la désobéissance. Avec lui, c'est la soumission ou la mort immédiate. Khali Rabah sera tué en juillet 1995 par les gendarmes, lors d'un accrochage dans un verger près de Boufarik.

A Haï Bounab, comme dans tous les endroits où il prend pied, dès son arrivée, le GIA instaure un ordre nouveau. L'enseignement de la langue française est interdit et tous les enseignants qui poursuivent leur travail sont menacés de mort. La plupart d'entre eux, en majorité des femmes, préfèrent donc s'abstenir. Dès l'âge de neuf ans, les filles n'ont plus le droit d'aller à l'école ni de sortir sans voile – parce qu'elles peuvent apporter la honte au hameau. Elles sont porteuses de *fitna*[1], disent-ils. Mon mari obligeait même ma petite sœur, qui avait sept ans à l'époque, à se voiler. Lorsqu'elle venait dormir chez nous, il la réveillait à l'aube pour la prière. Et, quand elle allait à l'école, il lui demandait de compter les « patriotes » et les gendarmes, et de lui rapporter tout ce qu'elle voyait ou entendait les concernant. Tous les enfants étaient chargés de faire de l'espionnage pour le « groupe ». Ils savaient beaucoup de choses mais ne disaient rien, même quand les gendarmes les pressaient de parler. Les terroristes les menaçaient de tuer leurs parents, s'ils racontaient quoi que ce soit. Alors eux aussi se taisaient.

Les garçons, pour leur part, pouvaient continuer à aller en classe – du moins avant que les terroristes ne brûlent la plupart des écoles des villages isolés –, car ils s'entendaient bien avec eux. Les petits garçons travaillent facilement pour les terroristes. Ils les idéalisent et voient en eux des modèles de puissance, car ils font la loi et sont respectés par la population. Et puis, ils ont toujours beaucoup d'argent, de beaux habits – avant qu'ils ne prennent le maquis où ils sont contraints à changer de tenue. Ils ont de belles voitures neuves, qu'ils enlèvent aux riches – ils « travaillent » avec et les piègent pour commettre des attentats.

Quant à l'argent, ils l'obtiennent en pratiquant le racket. J'ai vu les dossiers des gens à qui ils faisaient payer l'impôt « révolutionnaire ». Tous les habitants

1. *Fitna* : division, trouble.

du village agricole voisin payaient. Jusqu'à un million de dinars pour certains. A chaque récolte, ils avaient leur part. Ceux qui n'avaient pas d'argent donnaient ce qu'ils pouvaient : des couvertures, des matelas, de la vaisselle, n'importe quoi. Avec mon père, ils ont été gentils. C'est normal, il n'avait rien à leur donner. Ils aidaient matériellement tous les démunis, d'ailleurs. Je crois que beaucoup de gens coopéraient avec le GIA par peur. Mais certains les soutenaient par conviction.

Selon ses propres dires, Ahmed avait pris la décision de rejoindre le GIA le jour où, se trouvant à la mosquée de Benramdane pour la prière du vendredi, les gendarmes cernèrent le bâtiment et firent sortir tous ses occupants. Ensuite, ils l'avaient emmené, avec tout un groupe de gens soupçonnés d'avoir des liens avec les terroristes, à la brigade de gendarmerie. Là, ils avaient tous été passés à tabac. Ensuite, Ahmed avait été incarcéré pendant trois jours dans une cellule à la brigade de gendarmerie de Benramdane. Il avait écopé, en plus, des corvées pénibles, telles que laver les W.-C., etc. C'est ce jour-là, m'a-t-il dit, qu'il avait décidé de prendre le maquis. Pour se venger des gendarmes. Mais, moi, je pense qu'il en avait envie depuis longtemps déjà puisqu'il s'était mis à faire la prière et à fréquenter le « groupe » bien avant cet épisode. Et puis, depuis que je le connais, il haïssait les gendarmes et tout ce qui pouvait rappeler l'État. Le jour de l'assassinat du président Boudiaf[1], par exemple, alors que chez moi tout le monde pleurait, il n'avait pas caché sa joie. Et pourtant, à l'époque, il ne s'intéressait pas du tout à la

1. Mohamed Boudiaf : président de l'Algérie de janvier à juin 1992. Il fut assassiné par un membre de sa garde rapprochée.

politique. Il n'attendait que l'occasion pour sauter le pas. Je crois d'ailleurs que si Khali Rabah lui a proposé, à lui et pas à d'autres jeunes gens du hameau, d'entrer dans l'organisation, c'est parce qu'il avait senti chez lui des prédispositions.

En fait, dès son arrivée dans le hameau, le « groupe » s'est intéressé à Ahmed pour son tempérament de bagarreur, casse-cou et qui ne reculait devant rien. Également pour sa parfaite connaissance du hameau et de la région. Mais surtout parce qu'il était originaire de Kef Lakhdar, le fief du GIA dans la région de Médéa. Cette région est très importante pour le GIA. Les « groupes » d'Alger et de la Mitidja ont beaucoup de liens avec ceux de là-bas. Sachant que Ahmed y avait passé son enfance et qu'il y conservait encore de la famille, Khali Rabah lui proposa de servir de relais entre Haï Bounab et Kef Lakhdar. Autre atout en sa faveur : à l'époque, Ahmed n'était pas encore fiché chez les gendarmes, il pouvait donc se déplacer en toute liberté. C'est ainsi qu'il s'est retrouvé embrigadé alors qu'il n'avait jamais été militant ni intéressé par la chose religieuse auparavant. Il était même tout le contraire. Cela s'est passé durant notre séparation. Je sais que c'est Khali Rabah qui lui a tourné la tête, mais Ahmed ne voulut jamais le reconnaître. Je devinais, à la façon dont il me parlait de lui, alors que Khali Rabah était mort, la vénération qu'il avait pour cet homme plus âgé que lui d'une vingtaine d'années. Avant de l'intégrer au « groupe », Khali Rabah est arrivé à le convaincre de fréquenter assidûment la mosquée, alors qu'il n'y avait jamais mis les pieds auparavant. Histoire de tester sa capacité à suivre une discipline. Une fois le test jugé positif, il a été engagé comme membre d'un commando.

Au début, son rôle consistait donc à transmettre des renseignements. Puis, une fois qu'il a été jugé digne de leur totale confiance, ils lui ont permis d'accéder à leur repaire, de voir où ils se regroupaient, se cachaient, préparaient leurs actions et comment ils opéraient. Cette phase d'observation est nécessaire pour toute nouvelle recrue. Là, au début, Ahmed leur apportait les repas que les voisins préparaient pour eux lorsqu'ils ne voulaient pas sortir de leur tanière. C'est également lui qui leur faisait certaines courses nécessitant un petit voyage en ville, dans les grands magasins d'Alger ou dans certaines boutiques spécialisées. Ou chez des vendeurs clandestins. Notamment les vêtements et tout l'accoutrement spécifique aux gens du GIA. Le « groupe » lui acheta une Mobylette afin de faciliter ses déplacements. Quand ils ne portaient pas leur habit traditionnel, les membres du « groupe » ne portaient que des vêtements de grande marque, qui coûtent très cher. Des pulls à deux mille dinars, des vestes en cuir à vingt mille dinars, des baskets (Reebok, Nike et Fila seulement) à dix mille dinars la paire. Ahmed disait qu'il leur fallait de bonnes chaussures de sport pour courir à l'aise en cas de nécessité.

Il leur achetait aussi du parfum spécial d'Arabie saoudite à base d'ambre, du *siwak*, du henné, du khôl, des exemplaires du Coran, des livres de propagande qu'il allait chercher à Alger chez certains revendeurs clandestins. Des pantalons aussi, des jeans coûteux, qu'ils coupaient au niveau du genou pour les adapter à la tenue islamiste et aussi afin qu'ils ne les gênent pas quand ils courent. En général, ils portaient des pantalons larges comme ceux des Afghans, mais certains préféraient les jeans. Ils mettaient, par-dessus, des *kamis* verts ou marron. Et quand ils devaient courir, ils soulevaient le *kamis* et l'attachaient à leur ceinture. Certains portaient des chèches verts ou noirs. Ils pouvaient aussi se faire confectionner cette tenue par des couturières auxquelles ils fournissaient le tissu. Celles-ci avaient tellement peur du GIA qu'elles ne refusaient jamais de travailler pour lui. De toute façon, elles étaient bien payées, donc elles acceptaient sans rechigner. Les plus coquets d'entre eux portaient des pantalons traditionnels, bouffants et brodés au niveau du genou avec du fil de soie. Quant aux femmes, elles devaient, selon les théoriciens du GIA, porter des robes longues de couleur sombre, couvrant leurs bras et avant-bras, ainsi que leurs cous, assez larges pour que l'on ne voie pas leurs formes, et surtout éviter tout ce qui est transparent ou serré. Je me rappelle, un jour, je portais un chemisier blanc à peine transparent. Ahmed m'a obligé à en mettre un deuxième par-dessus alors qu'il faisait très chaud et que nous étions seuls tous les deux à la maison. Le lendemain, il m'a acheté une robe qu'il a choisie lui-même, qui ne me plaisait pas du tout mais qui était conforme à ses normes. C'est de celle-là que je serais obligée de m'affubler tous les jours. Il m'interdisait par ailleurs d'enlever le *khimar* à la maison, quand j'étais seule avec lui. Même en plein été.

Bien évidemment, le rôle d'Ahmed ne s'arrêtera pas à ces tâches subalternes. Très vite, il devint un élément important dans le « groupe ». Toutefois, ce n'est qu'après notre mariage qu'il prit le maquis. Après la mort de Khali Rabah, le groupe de Haï Bounab resta quelques mois sans « émir ». Il était dirigé par le caïd seulement. Puis, c'est Ahmed qui, tout naturellement, en prit la tête. C'était en novembre 1995, quelques semaines avant les élections présidentielles.

Le jour où ils m'arrêtèrent, les gendarmes s'étonnèrent de ce que moi, épouse de l'« émir », je ne portais pas de bijoux comme les autres. J'avoue que mon orgueil s'est trouvé flatté à l'idée que j'étais la femme du chef.

11

Avant de monter au maquis, les terroristes doivent au préalable passer une période probatoire. Pendant de longs mois, les autres chefs locaux observent le comportement de celui qui va devenir un des leurs. Ils testent sa fidélité et sa loyauté envers le GIA. Car il y en a qui acceptent volontiers de travailler pour lui mais préfèrent rester chez eux avec leur famille. En fait, même ceux-là finissent toujours par rejoindre les autres au maquis, parce qu'ils ont besoin d'hommes dans les montagnes et parce que les militants finissent toujours par se faire repérer par les forces de sécurité et, à un moment ou à un autre, ils s'estiment en danger en ville. D'ailleurs, le GIA ne fait jamais totalement confiance à un militant qui n'a pas encore pris les armes. Car c'est ainsi qu'il se mouille de façon quasi irréversible. Même s'il décide de se repentir par la suite, il n'échappe pas en tout cas à la prison.

Pour inciter Ahmed à sauter le pas – ils avaient dû remarquer que, bien qu'en mourant d'envie, il hésitait à quitter son confort familial et sa maison –, les « frères » ont agi avec lui selon le scénario habituel : un jour, ils ont envoyé un des leurs que personne ne connaissait dans le hameau – et qui s'est fait passer pour un membre des forces de sécurité – chez l'un de mes beaux-frères. L'inconnu lui dit : « la rumeur court partout que ton frère est terroriste », sachant que mon beau-frère, inquiet, irait le répéter aussitôt à Ahmed. Ce qui arriva en effet. Quand, le soir, mon mari m'a rapporté cette scène, j'ai compris tout de suite qu'il s'agissait d'une ruse de la part du « groupe » pour l'obliger à s'engager plus avant. Il était facile de le deviner car, s'il s'était vraiment agi des militaires, ils seraient venus directement à la maison comme ils l'avaient déjà fait à maintes reprises. Mais Ahmed a pris peur. « Mes "frères" ne me feraient pas un coup pareil », me dit-il avec assurance. Il alla bien entendu leur raconter ce qui s'était passé. Loin de le rassurer, ils firent tout, au contraire, pour aviver son angoisse et lui dirent qu'il était donc temps de les rejoindre dans leurs montagnes. Il ne resta plus à Ahmed qu'à s'exécuter. Il était très excité à cette idée, il rêvait depuis longtemps d'avoir une arme en permanence sur lui, mais il était un peu inquiet aussi. Il savait ce qu'il quittait, il ignorait ce qu'il allait trouver. Ses amis l'emmenèrent pour une semaine pendant laquelle je n'eus aucune nouvelle de lui. Il revint deux jours avant les élections présidentielles.

Cela faisait trois mois que nous étions mariés et j'étais enceinte de quelques jours mais je ne le savais pas. J'avais des nausées dont je ne comprenais pas très bien l'origine. A son retour, Ahmed était un autre homme. Il avait maigri, avait les yeux cernés de khôl, de l'huile d'olive dans les cheveux, un fort parfum ambré. Il portait un *kamis* vert et un chèche noir. C'était la première fois qu'il était accoutré de « leur » tenue. Et il avait une *mahchoucha* en bandoulière.

Quand il est entré par la fenêtre, après avoir sauté le mur – comme il le faisait tout le temps –, et que j'ai aperçu cette silhouette totalement méconnaissable, je fus prise d'une frayeur indescriptible. Le premier moment de surprise passé, j'ai éclaté en sanglots. J'ai compris, à ce moment-là, que je venais de le perdre définitivement. C'était comme s'il était mort. Alors, il me raconta : pendant la semaine où il était dans la montagne, il n'avait pas mangé, ni bu. C'était un test pour mesurer son degré de résistance à la dureté de la vie des maquis. Il avait le corps plein de bleus et de traces de coups. On le frappait régulièrement, tous les jours, avec toutes sortes d'objets, pour jauger son endurance à la douleur physique. Comme je marquais mon étonnement devant tant de barbarie, il m'expliqua sur un ton plein de conviction que c'était nécessaire pour tester sa résistance à la torture. Ils lui avaient appris aussi à manier les armes. Il en était émerveillé. Lorsqu'il racontait tout ce qu'il venait de vivre, même quand il parlait des coups, il y avait une sorte de gaieté dans sa voix. Il était en extase. Surtout lorsqu'il parlait des armes. Depuis longtemps, il souhaitait apprendre à les manier, mais ses « frères » ne voulaient pas. Ils lui disaient toujours : « Plus tard. Quand tu monteras au maquis. »

Au cours de la courte période que j'ai passée avec lui – trois mois –, j'ai appris beaucoup de choses sur les activités du GIA. Même quand lui refusait de m'en parler. Il me suffisait d'observer. Quand il rentrait à la maison, Ahmed avait souvent les mains blessées. Il me disait que le travail qu'il faisait était comme ça, très dur. Effectivement, ils creusaient des casemates, fabriquaient des bombes et trafiquaient des armes. Ils les bricolaient, en fait, après les avoir volées aux forces de sécurité. Ils apprenaient à faire tout ça dans les maquis. Il y avait des spécialistes dans plusieurs domaines qui venaient d'autres régions leur donner des cours. C'est comme cela qu'Ahmed a appris à fabriquer des bombes et à piéger des voitures. Ils l'ont spécialisé dans ce domaine parce qu'il s'y connaissait déjà en électricité. Il avait appris ça très jeune avec l'un de ses oncles, électricien. Il réparait aussi les télés et les radios. Une fois, il a même fabriqué un émetteur radio. Le « groupe » sélectionnait les gens en fonction de leurs connaissances et, une fois choisis, ces gens, qu'ils soient d'accord ou pas, n'avaient d'autre choix que de les suivre. Sinon ils étaient tués, eux ou des membres de leur famille. Notre voisin Saïd, par exemple, a été obligé de monter au maquis. Il ne savait ni lire ni écrire, il avait juste une belle voix, de ces voix qu'il faut pour réciter le Coran. Ils l'ont forcé à vivre avec eux au maquis et lui amenaient des enfants afin qu'il leur enseigne la récitation du Coran. Je crois qu'il est mort dans la montagne. Quand je reprochais à Ahmed de ne pas avoir un travail régulier, il se moquait de moi : « Quoi ? Je mène le grand combat contre le *taghout*, moi. C'est un travail plus important et certainement plus fatigant que n'importe quel autre. » Mais, je crois aussi qu'il avait beaucoup plus d'argent en faisant ce qu'il faisait que s'il travaillait normalement. Alors pourquoi changer ? Les premiers jours qui suivirent notre mariage, mon mari ne dormait pas à la maison. Il passait une partie de ses soirées avec moi, puis disparaissait au milieu de la nuit. A l'aube, il revenait avec ses « frères » pour le petit déjeuner. Je ne sais pas où il allait. Il refusait de me le dire, répondant systématiquement à mes questions par : « J'ai un travail important à faire. » C'est bien plus tard, par recoupement de bribes d'information qu'il me donnait lui-même ou qui me parvenaient par d'autres biais, que j'apprendrai en quoi consistait au juste son « travail ».

Au bout d'un mois, le « groupe » commençait à prendre ses aises chez moi. Il s'y plaisait tellement qu'il décida de venir y dormir. D'abord par petits groupes de deux ou trois personnes, ensuite, le nombre augmenta jusqu'à dix ou douze. Devant cette invasion, je n'avais d'autre possibilité que de leur laisser ma chambre à coucher et d'installer un lit dans la cuisine pour mon mari et moi. Mais le pire était que, lorsqu'ils passaient la nuit chez nous – ce qui devint vite quotidien –, moi, je n'avais pas le droit de dormir, je devais faire le guet. Ahmed donnait toutes les couvertures à ses « frères » et m'interdisait de me couvrir autrement qu'avec un drap léger afin que le froid nocturne m'empêche de sombrer dans un sommeil profond. Au bout d'un mois à ce rythme, « les frères » élirent carrément domicile chez nous. Ahmed décida alors de construire une pièce supplémentaire dans la cour pour les y loger. Pour gagner de la place – la cour étant exiguë –, avec ses amis, ils déracinèrent un vieux figuier qui était planté au beau milieu. Le tronc était si gros qu'il laissa une excavation énorme. L'idée surgit dans leur tête qu'à partir de cette cavité, ils pouvaient creuser une cache. Ils me demandèrent d'aller chez ma mère pour m'éloigner, et continuèrent de creuser toute la journée. Une fois la cache terminée, ils placèrent une dalle par-dessus, avec un accès, et élevèrent les murs de la chambre.

12

Pour ma part, je n'avais qu'à prendre mon parti de tout ce qui se faisait chez moi. Ahmed me disait tout le temps : « Il faut que nous accueillions les "frères" chez nous sinon ils dormiront dehors, dans le froid, et Dieu nous punira tous les deux. » J'avais très peur de la punition divine. Quant à eux, ils avaient peur surtout d'être surpris par les gendarmes. A tel point qu'ils dormaient tout habillés, y compris avec leurs baskets – qu'ils n'enlevaient jamais –, pour le cas où ils seraient réveillés au milieu de la nuit et obligés de s'enfuir. Quand, parfois, j'obligeais Ahmed à se débarrasser des siennes, une odeur nauséabonde emplissait la chambre et me donnait la nausée. Je les lui ôtais pour le forcer à se laver au moins les pieds de temps à autre – pour la douche, il était inutile d'insister. C'est moi qui assurais cette corvée parce que, disait-il, il avait déjà sa part de travaux fatigants et je devais partager avec lui les bonnes actions qu'il était en train de commettre -- selon lui, lorsqu'un homme mène le *djihad*[1], Dieu inscrit la moitié de ses actes sur le compte de sa femme. C'est pour cela que lorsqu'il rentrait et

1. *Djihad* : guerre sainte.

me trouvait allongée – ce qui arrivait d'ailleurs rarement –, il m'ordonnait de me lever sur-le-champ. « Il n'y a pas de raison pour que je me fatigue et que tu partages avec moi les bénéfices sans rien faire », s'exclamait-il à chaque fois. Lui laver les pieds, c'était donc faire acte de dévotion à Dieu.

Laver leurs habits aussi. Mon mari m'apportait régulièrement de grands sacs pleins de vêtements sales. N'ayant pas l'eau courante à la maison, j'allais en chercher à la fontaine, dans des jerricans que j'entassais dans une brouette pour ne pas avoir à effectuer plusieurs voyages. Lorsque je plongeais ces effets dans l'eau chaude, les poux sortaient et, par dizaines, flottaient sur l'eau. Quand j'étais enceinte, je supportais très difficilement cette épreuve. Il m'arrivait souvent de vomir en faisant la lessive, mais j'étais tenue d'aller jusqu'au bout de ma peine, sinon j'avais droit à une scène de ménage. Et puis je le faisais de bon cœur, car je pensais sincèrement que j'apportais ainsi mon obole à cette grande cause qu'était le rétablissement du califat en terre d'islam. Mon mari me disait que plus on souffrait en travaillant pour les moudjahidin, plus Dieu était content de nous. Il me fallait parfois une journée entière et plusieurs paquets de lessive pour arriver à donner à ces vêtements une apparence de propreté. Le jour de la lessive, ils savaient d'ailleurs qu'ils ne devaient pas compter sur moi pour leur faire la grande bouffe. Ils devaient se contenter de frites et d'omelettes.

Je passais mes journées ainsi, à travailler durement. Le soir, j'étais tellement fatiguée que je m'écroulais de sommeil malgré tout ce que tentait mon mari pour m'empêcher de dormir. Inutile de préciser que, dès lors, il me restait très peu de temps pour les loisirs ou pour une quelconque distraction. D'ailleurs, depuis qu'il avait rejoint le GIA, Ahmed avait banni tout ce qui pouvait évoquer de près ou de loin la bonne humeur. Lui qui aimait s'amuser quand je l'avais connu, les seules fois où je le vis sourire ou rire après notre mariage, ce fut, à de rares occasions, en compagnie de ses « frères », jamais avec moi. Il m'interdisait même d'écouter Radio Coran [1], qui ne diffuse pourtant que des chants religieux, mais chantés sur des mélodies agréables. S'il rentrait à l'improviste et entendait ça, il l'éteignait tout de suite et se fâchait contre moi. A plusieurs reprises, Ahmed a failli casser le poste de radio à cause de ça. Il n'aimait que la tristesse. « La gaieté, c'est pour plus tard, disait-il. Tant que l'État islamique n'est pas instauré, il n'y a pas de raison de se réjouir. »

Il avait une théorie pour chaque acte de la vie quotidienne, le plus banal fût-il. Pour boire un verre d'eau, il fallait prendre le verre dans la main droite et avaler d'abord trois petites gorgées, avant d'aller jusqu'au bout de sa soif. Il ne fallait surtout pas manger trop, mais juste assez pour ne pas ressentir la faim et rester toujours avec un petit creux. Ceci pour les autres, parce que lui et ses « frères » n'appliquaient jamais cette théorie pour eux-mêmes. Mais eux avaient une excuse : il leur était permis de manger comme des goinfres « pour avoir la force de combattre le *taghout* ». De même, avant d'entrer au W.-C., il fallait faire une prière particulière... Au lit, nous éteignions la lumière et ne

1. Radio Coran : radio publique algérienne qui ne diffuse que des lectures de textes sacrés ou des chants religieux.

devions pas nous découvrir complètement. Une seule fois j'ai vu mon mari nu. Je suis entrée dans la chambre à l'improviste alors qu'il se déshabillait. Il était furieux. « Tu viens de commettre un péché. Il faut se protéger devant Dieu », a-t-il crié. Au lit, avant de m'approcher, il faisait cette prière, toujours la même : « Au nom de Dieu, faites que Satan s'éloigne de nous et de ce que Tu pourrais nous donner. » En d'autres termes, il demandait à Dieu de faire en sorte que Satan ne se mette pas entre nous, mais qu'il l'éloigne également de l'enfant qui pourrait naître de notre union. Même quand j'étais enceinte, il continuait à faire cette prière systématiquement, en se mettant au lit. Sans tous ces rites, la vie d'un être humain ressemble à celle d'un sauvage, disait-il.

En politique, il n'avait de sympathie pour personne. Il disait que dans l'État islamique il n'y aurait plus besoin de partis politiques. Il y avait le Coran et la Sunna [1], nous n'aurions qu'à nous y conformer. Ahmed détestait Mahfoud Nahnah [2], qu'il considérait comme le plus grand des *taghout* parce qu'il avait donné trop de liberté aux femmes. Abassi Madani [3], « c'est un grand traître et un *taghout* qui ne cherche que le fauteuil ». Pour Ahmed, bâtir l'État islamique ne pouvait passer que par des combats sanglants et l'élimination physique de tous les adversaires. En revanche, il aimait

1. Sunna : tradition rapportant les faits et gestes du prophète.

2. Mahfoud Nahnah : président du Mouvement de la société pour la paix (MSP, ex-Hamas), parti islamiste membre de la coalition gouvernementale.

3. Abassi Madani : président du Front islamique du Salut (FIS), dissous depuis mars 1992.

Abdallah Djaballah[1]. Mais le responsable politique qu'il détestait le plus était, évidemment, Liamine Zeroual, le président de la République. Le jour où la rumeur a couru qu'on avait tiré sur lui et qu'il en avait réchappé, il n'a pas cessé de répéter, déçu : « Ce chien, il est fort aujourd'hui, mais nous finirons par l'avoir. Son jour viendra aussi, comme les autres. »

Dans notre hameau, tout le monde a voté, le 16 novembre 1995, pour élire le président de la République. Sauf moi. Ahmed n'a pas voulu. Il m'a dit : « Ce sont tous des *taghout.* » La veille des élections, il avait apporté des amandes et des chocolats et les avait mangés avec ses amis, mais moi, il m'en avait empêchée, arguant d'une de ses nombreuses théories bizarres – qu'il n'appliquait qu'à moi au demeurant. « Si tu te mets à grignoter, tu vas te concentrer sur ça et tu oublieras Dieu », m'avait-il dit. Nous avions eu une grosse dispute ce soir-là. Un peu à cause de ça – j'en avais marre qu'il me frustre tout le temps de beaucoup de choses qu'il s'autorisait à lui-même –, mais aussi parce que je voulais aller voter – ma mère m'avait fait établir une carte d'électrice –, et il me l'avait interdit. Le jour des élections, dès le matin, j'ai ramassé mes affaires et je lui ai dit que je le quittais. Quand il m'a vue sur le point de sortir, l'air déterminé, il a cru que c'était sérieux. Il s'est mis à pleurer. Puis, il m'a dit : « Si tu veux un cachet sur ta carte d'électrice, je te le mettrai. J'ai ce qu'il faut. » Une rumeur courait depuis quelques jours, selon laquelle la carte de vote serait exigée pour l'obtention de tout autre

1. Abdallah Djaballah : président d'un autre parti islamiste d'opposition, représenté au Parlement.

papier administratif et que ceux qui n'auraient pas, porté dessus, le cachet du bureau de vote seraient considérés comme complices du GIA. Je songeais surtout à l'inscription de mon enfant, à sa naissance, sur les registres de l'état civil. Mais Ahmed était intraitable sur la question. « De toute façon, nous allons instaurer bientôt l'État islamique, tu n'auras plus besoin de ces papiers de mécréants », m'a-t-il dit.

Les jours précédant cette élection, il les avait passés à essayer de dissuader les habitants de Haï Bounab d'aller voter. Lui et son « groupe » avaient même affiché un avis sur les murs mettant en garde la population : « Aujourd'hui, c'est le vote, demain ce seront les balles et après ce sera le sang sur les murs. » Les gens avaient peur de la réaction du GIA, mais ils ont quand même voté. D'abord, ils ont hésité. Ils se sont surveillés les uns les autres, personne ne voulant donner l'exemple. Puis, dès que les premiers téméraires se sont dirigés vers les bureaux de vote, les autres ont suivi. Le plus drôle est que, l'après-midi, les gens étaient tout fiers d'exhiber leurs cartes tamponnées. En fait, il n'y a eu aucun problème, ni d'un côté ni de l'autre. Je crois que les terroristes n'ont pas puni les gens de notre hameau parce qu'ils avaient besoin d'eux. C'était l'époque où ils savaient encore se fixer des limites.

13

Quand Ahmed est devenu l'« émir » du groupe, c'est-à-dire peu de temps après qu'il eut pris le maquis, il m'a expliqué que son organisation s'appelait le GIA et que son chef était un certain Antar Zouabri [1]. Il en parlait comme d'un être irréel, surnaturel. Il me disait : « Les militaires pourront toujours le chercher où ils veulent, ils ne le trouveront jamais. Ils s'imaginent qu'il vit dans un palais, alors que c'est un fils du peuple qui vit comme tout le monde. Il mange avec nous, dort avec nous et fait tout comme nous. » Il m'a dit aussi que tous les membres du GIA le connaissaient parce qu'il rendait régulièrement visite à tous les groupes locaux. Mais, en règle générale, c'était plutôt les « émirs » locaux, de la Mitidja surtout, qui allaient le voir pour lui rendre compte de leurs activités. Ils le faisaient essentiellement à Douar Lahdjar [2] et Ouled Allel [3], leurs fiefs les plus importants. Lorsque, à l'épo-

1. A l'époque, Antar Zouabri n'était qu'« émir régional ». Il ne deviendra « émir national » qu'en juillet 1996.

2. Douar Lahdjar : petit village de la Mitidja, près de Boufarik. Fief terroriste qui abritait des caches et les laboratoires de fabrication de bombes.

3. Ouled Allel : petit village près de Baraki, déserté par ses habitants

que, il me parlait de Ouled Allel, je n'y prêtais pas attention. Je ne savais pas ce qui s'y passait vraiment. Je ne l'ai su que quand je me suis libérée et que j'ai commencé à lire les journaux – quand j'étais avec lui, il m'interdisait de le faire. C'est Antar Zouabri qui nomme l'émir local ainsi que son adjoint, le caïd. Il règle également les éventuels conflits qui peuvent surgir entre eux et, tâche ô combien essentielle, il distribue entre les groupes et les « émirs » locaux les butins de guerre. Mais je peux dire que nous, il ne nous a jamais rien donné. Les butins, c'est mon mari qui les constituait lui-même lors des opérations effectuées dans sa zone d'action. Et depuis que mon mari a disparu, je n'ai pas eu un centime.

Quand il arrivait à Ahmed de me parler de ses activités, c'était dans le but de me tourner la tête. Il y a réussi puisque, petit à petit, je me suis mise à faire tout ce qu'il me disait, sans rechigner. Un peu par crainte sans doute – après qu'il m'eut raconté toutes les atrocités qu'il faisait subir aux gens – et un peu parce qu'il est arrivé à me convaincre de la justesse de leur cause. Au point d'accepter certaines punitions qu'il m'infligeait, sans discuter. Comme la *falaqa* [1], par exemple. Un jour, j'ai commis une erreur. Les « frères » étaient dans la cour de la maison et je me suis permis d'aller voir ce qu'ils faisaient alors que je n'en avais pas le droit. Mon mari m'a surprise en train de les épier. Il a décidé de me donner la *falaqa* dans le dos, avec un fouet

---

et investi par le GIA. L'armée y a fait une grande opération de ratissage durant l'été 1997.

1. *Falaqa* : coups donnés sur la plante des pieds avec un bâton en bois ou un fouet. Punition très usitée par les islamistes.

en cuir. Normalement, il pouvait me donner jusqu'à quarante coups mais, voyant que j'avais très mal – bien que je souffrisse en silence, sans émettre un seul son –, il a eu pitié de moi et il ne m'en a donné que dix.

Une autre fois, il m'a donné la *falaqa* parce que j'écoutais la chaîne musicale à la radio. Selon les préceptes du GIA, il ne faut écouter que les enregistrements du Coran, jamais des chansons gaies. « Il faut se mettre toujours en position de rapprochement du Jugement dernier », disait-il. Ce jour-là, j'étais seule à la maison et je m'ennuyais, j'ai allumé la radio. Il est arrivé à l'improviste. Dès que je l'ai vu entrer, je l'ai éteinte, mais il m'a sentie un peu guillerette. Il m'a demandé pourquoi j'étais dans cet état d'euphorie, je lui ai dit que c'était la radio. Il est devenu furieux. Pour me punir d'avoir bravé un interdit, il me donna la *falaqa*. Ce jour-là, j'ai eu droit à trente coups.

Ahmed me disait qu'en plus du *taghout*, il combattait également les démons, les « djinns ». « Il y a trop de djinns dans notre pays. Nous devons les extirper de la société pour la purifier complètement. » Je crois qu'il a raison. Dans ma seule famille, il y a trois femmes qui sont possédées par le démon. Ils les ont épousées et ne veulent plus les quitter. Mon mari me disait : « Tu vois, nous devons nous battre sur plusieurs fronts. D'abord, contre cet État impie. Ensuite contre les traîtres, et enfin contre les djinns. » Une histoire comme ça est arrivée à Rachid, l'ami intime d'Ahmed. Il était fiancé avec sa cousine depuis son enfance. Ils avaient été élevés ensemble, mais lui ne l'aimait pas, alors qu'elle était folle de lui. Quand Rachid a été tué, sa fiancée a été habitée par un djinn, qui l'a épousée. Alors, sa tante a fait appel à Ahmed et ses amis. Ils se sont enfermés avec elle dans une chambre et lui ont récité des versets du Coran. Il paraît que dès qu'elle a entendu ça, elle est entrée en transes et a enlevé tous ses habits. Au bout de deux ou trois séances, elle était totalement rétablie. Ahmed m'a dit que, durant ces séances, c'est lui qui se transformait en démon. C'est donc lui qui habitait la possédée.

Il a procédé au même genre de séances avec moi, bien que je n'aie jamais été possédée par un djinn. Quand j'étais très énervée, il récitait des versets du Coran dans un verre d'eau qu'il me faisait boire après. Je me sentais aussitôt apaisée. Il a appris le Coran quand il était petit. Après l'avoir oublié, ça lui est revenu plus tard, au contact des islamistes. Il disait tout le temps que les femmes ont une grande propension à être possédées, qu'il faut les surveiller de près et les remettre sur le droit chemin très tôt. Ainsi, ils recherchaient les femmes adultères, et les lapidaient. Ils en ont tué plusieurs de cette manière. Ou bien ils les torturaient et les mutilaient au couteau. Dans notre hameau, ils ne l'ont pas fait, il n'y avait pas de femmes de mauvaise vie. Les seules qui ne leur plaisaient pas étaient les cinq jeunes filles qu'ils ont décapitées. Les terroristes tiraient leur comportement de l'enseignement d'un petit livre, *Hosn El Muslim*[1], qui explique comment un bon musulman doit se comporter dans la vie.

Dans leur tête, il y avait toujours l'idée de tuer. Un jour, j'étais allongée par terre, un rat est passé à côté de moi. Je me suis levée et j'ai commencé à crier. Ahmed était là, il m'a entendue et s'est étonné : « Comment

1. *Hosn El Muslim* : livre de prescriptions sur le comportement des bons musulmans, très lu par les intégristes.

peux-tu avoir peur d'un rat ? Je vais te montrer comment l'attaquer. » Avec une chaussure en plastique, il l'a assommé. Puis, il m'a ordonné : « Viens l'achever toi-même. » Cette idée me terrorisait. Il a insisté et a menacé même de me frapper si je ne m'exécutais pas. Pour me convaincre, le seul argument qu'il a trouvé est : « C'est comme ça que tu vas apprendre à tuer. Après le rat, tu assassineras un être humain. » Il voulait à tout prix m'apprendre à tuer. Il en parlait fréquemment. Un jour, avant qu'il monte au maquis, il a subtilisé la *mahchoucha* de l'un de ses « frères » et l'a apportée à la maison, pour m'enseigner comment la charger et la décharger. Pendant la leçon, suite à un geste maladroit de sa part, une balle est sortie et s'est logée dans le mur. Quand ses amis ont appris ce qui s'était passé, ils l'ont puni. Pour son vol de l'arme et pour sa maladresse. C'est lui qui a reçu la *falaqa*, cette fois-là. Ils l'ont attaché à un arbre et lui ont donné plusieurs coups de fouet sur le dos et sur la plante des pieds.

Une fois, Ahmed est arrivé à la maison avec une femme, Hadda. Il l'a déposée et m'a seulement informée que nous allions l'héberger chez nous. Elle était enceinte de cinq mois, et grippée en plus. Elle venait de Constantine. A l'époque, je n'avais pas encore appris leur langage [1]. Aussi, quand il me l'a présentée en utilisant des mots inconnus de moi, j'ai cru que c'était une deuxième épouse qu'il avait prise. Elle était très belle en effet. Il l'a laissée avec moi et s'en est allé. En son absence, elle n'a pas dit un mot non plus – c'est une

1. Les islamistes usent d'un langage particulier, tirant souvent sa terminologie du vieil arabe ou du langage purement théologique.

règle chez les terroristes et leurs familles de ne jamais proférer un son devant un inconnu. Elle attendait que son mari lui dise comment se conduire avec moi et jusqu'à quel point elle pouvait me faire confiance. Ahmed est revenu le soir avec ses amis, les bras chargés de provisions pour le dîner qui, m'a-t-il dit, devait être spécial, en l'honneur de Hadda. Je continuais à m'interroger, mais je n'osais rien dire. Mais quand il me demanda de préparer la chambre pour elle, j'étais alors persuadée que la chambre était aussi pour lui. Le cœur serré, je l'ai préparée malgré tout. Pendant que je faisais le lit, il est entré dans la chambre. Là, je n'ai plus pu résister et lui ai posé la question qui me triturait l'esprit. Il éclata de rire, flatté par ma jalousie, puis me rassura : « C'est la femme de notre "frère" Karim. Ils vont se revoir ce soir, chez nous, après sept mois de séparation », m'a-t-il répondu. Karim et ses deux frères étaient des terroristes recherchés depuis longtemps. Hadda et son mari sont restés une semaine chez nous, puis ils sont partis, lui, à son maquis, elle je ne sais où. Elle allait comme ça, de maison en maison, voire de ville en ville, pour rencontrer son mari qui ne pouvait pas rester plus d'une semaine au même endroit.

Hadda qui, le premier jour, s'était enfermée dans un silence que j'avais trouvé exagéré, se libéra dès que son mari lui dit qu'elle pouvait me faire confiance. Les premières paroles qu'elle prononça étaient de reproche. Je n'étais pas assez militante à son goût. « Il faut aider les "frères" qui mènent le djihad pour rétablir le califat, m'a-t-elle dit. Nous, les femmes, pouvons faire beaucoup pour atteindre ce noble objectif. » Elle m'a raconté alors qu'elle organisait des rencontres avec d'autres « sœurs ». Pour ma part, je lui ai avoué qu'elle était la première « sœur » que je recevais et que, étant occupée toute la journée à mes fourneaux, je n'avais pas de temps à consacrer aux palabres. Au début, elle m'a fait la leçon. Elle cherchait à me donner d'elle l'image d'une femme forte et déterminée. Mais une fois que le courant est bien passé entre nous, elle s'est défaite de son masque et a reconnu qu'elle n'était pas aussi satisfaite de son sort qu'elle voulait le faire croire. Elle m'a déclaré qu'elle m'enviait même d'avoir fait un vrai mariage civil et d'avoir un foyer avec mon mari, tandis que son mariage était fictif, s'étant limité à une cérémonie religieuse effectuée devant les « frères », donc pas reconnue par la loi. Elle était de plus astreinte à vadrouiller de ville en village pour voir son mari, qu'elle ne rencontrait pas parfois pendant quatre ou cinq mois. Surtout, elle était triste en pensant à l'enfant qu'elle portait et qui ne serait inscrit sur les registres de l'état civil que comme enfant né de père inconnu et de mère célibataire. A l'école, le problème se poserait de façon encore plus cruciale. La sœur de Hadda était également mariée avec un terroriste. Les deux sœurs avaient épousé deux frères.

Je reverrai Hadda quatre mois plus tard. Elle était enceinte de neuf mois et son mari venait d'être tué. Sans père et sans identité, les enfants des femmes de terroristes sont destinés à souffrir toute leur vie. Mais, au moment où elles se sont mariées, leurs mères n'ont pas réfléchi à tout ça, et elles croyaient que les islamistes allaient prendre le pouvoir. Et puis, en ces temps-là, les terroristes prenaient au moins la peine d'épouser régulièrement les femmes. Maintenant ils les prennent de force, les violent à plusieurs, puis les tuent en les écartelant.

14

Ahmed ne me disait pas tout, car je n'hésitais pas à lui exprimer ma désapprobation devant l'excès de violence. Mais, quand il était de bonne humeur et que je le harcelais de questions, alors il me racontait certains des actes de terreur qu'il commettait avec ses « frères ». Je savais, le jour où il affichait en rentrant une mine réjouie, que, ce jour-là, ils avaient fait un attentat meurtrier. « La victoire contre le *taghout* est en bonne voie », disait-il, triomphant.

Je sais, par exemple, qu'ils sont à l'origine de la mort du jeune homme qui avait aidé mon père à trouver du travail à la mairie. C'était un garçon magnifique, très serviable, gentil et apprécié de tous. Il était au service national. A trois mois de la quille, il obtient une permission pour aller voir ses parents. Le jour même où il arrive à Haï Bounab, les terroristes l'exhortent à les suivre au maquis. Il refuse – il était religieux mais opposé au terrorisme. Alors, en pleine nuit, ils encerclent la maison de ses parents et le prennent de force avec eux. On ne saura plus rien à son sujet pendant longtemps. Après mon mariage, j'ai demandé des nouvelles de lui à Ahmed. Il m'a dit qu'il avait été tué à Maassouma, près de Blida, avec une quarantaine d'autres terroristes. Ils avaient été bombardés par un hélicoptère de l'armée.

Ahmed m'a raconté un jour, en jubilant, l'histoire de l'un de ses amis, qui habitait aux Eucalyptus, et qui venait parfois chez moi. Il avait tué son propre frère uniquement parce qu'il avait répondu à l'appel d'incorporation pour le service militaire. Le jeune appelé était en permission, un jour, dans sa famille, et le hasard a voulu que les deux frères se croisent là. Le terroriste a égorgé son frère devant leur mère. Elle a failli en devenir folle.

Dans un hameau voisin du nôtre, les terroristes ont tué un paysan, sur dénonciation de son propre fils, parce qu'il avait refusé de leur donner son fusil de chasse. Le jour où ils sont venus lui confisquer son arme, le paysan a nié fermement en avoir une. Ils fouillèrent quand même la maison mais ne trouvèrent rien. Ils partirent, mais le fils alla les voir par la suite pour leur confirmer que son père possédait bel et bien une arme et leur en indiquer la cachette. Pour leur prouver sa bonne foi, il les accompagna chez son père et les aida à trouver le fusil. Les terroristes égorgèrent le père devant son fils, qui fut par la suite présenté comme un héros.

Le premier assassinat commis à Haï Bounab fut celui du jeune Nacer, un adolescent de quinze ans dont le seul tort était de fréquenter les « patriotes ». Il se permettait de bavarder avec eux devant le siège de leur quartier général alors que tous les habitants du hameau avaient l'ordre de ne pas leur adresser la parole – et tout le monde obéissait. Un soir, les terroristes sont venus chez ses parents et ont demandé à dîner. Bien sûr, leurs hôtes s'exécutèrent. Une fois repus, les terroristes se levèrent et demandèrent à Nacer de les suivre dehors. Sur le seuil de la maison, ils lui tirèrent une balle dans la tête. Nacer fut enterré le lendemain sans que personne ne fasse le geste d'aller porter plainte à la gendarmerie. C'était un an avant mon mariage. Mais je sais qu'Ahmed était avec eux. C'est la mère de Nacer qui me l'a dit par la suite.

On peut dire toutefois que, en mourant sur le coup, Nacer a eut une mort relativement douce. D'autres en revanche souffrent le martyre avant de mourir. Un jour, les terroristes arrêtent un gendarme dans un verger. « Qu'est-ce que tu fais comme travail ? », l'interrogent-ils. La carte professionnelle qu'ils trouvent dans sa poche prouve qu'il est gendarme. Il ne peut donc pas mentir, mais essaye de s'en sortir par un subterfuge : « Je suis seulement cuisinier. » C'était justement ce qu'il ne fallait pas dire. « Ah bon, c'est donc toi qui engraisse ces cochons ? », ricanent-ils. De toute façon, quoi qu'il ait répondu, il n'aurait pas échappé au sort qui l'attendait. Alors, ils « se sont amusés avec lui », comme disait mon mari. Ils commencent par lui enlever un œil avec un fil de fer rouillé ramassé par terre. « On te laisse l'autre œil pour que tu puisses voir ce qui t'arrive », ricanent-ils toujours. Puis, ils le dépècent en commençant par les orteils et les doigts coupés un à un, pour finir avec le reste de son corps qu'ils ont tranché en petits morceaux. Ahmed riait aux éclats en me racontant cette histoire.

Mais il faut dire aussi que certains citoyens profitent du terrorisme pour régler leurs comptes. Comme cet homme riche qui avait l'habitude de donner beaucoup d'argent au GIA. Il avait une usine de matériaux de construction et leur versait jusqu'à cinq cent mille dinars par mois. Un jour, alors qu'un groupe armé se pointe chez lui pour récupérer l'argent, il leur demande d'attendre un instant, sort par la porte de derrière, et appelle les gendarmes. Puis revient rapidement discuter avec eux comme si de rien n'était. Les gendarmes arrivent très vite et les arrêtent sans que l'industriel soit soupçonné de quoi que ce soit. Celui-ci a eu ainsi la paix pendant quelque temps, les terroristes ne venant plus le racketter. Mais, quelques mois plus tard, en association avec quelqu'un d'autre, il achète une parcelle de terre pour la revendre. Au moment de la vente, un problème surgit entre eux. L'associé, s'estimant escroqué, se venge en allant raconter aux terroristes comment son partenaire a dénoncé leurs amis. Les terroristes sont allés chez lui, l'ont kidnappé, dépecé, puis ont éparpillé les morceaux devant sa maison.

Ils sont sans pitié et ne pardonnent jamais rien à personne. Dès qu'ils ont le moindre doute sur quelqu'un, ils le tuent sans chercher à vérifier si leurs soupçons sont fondés. Et, bien entendu, ils n'accordent jamais de circonstances atténuantes, quels que soient les signes de loyauté que la personne suspectée ait pu leur manifester par le passé. C'est le cas de Djamel. C'était un des leurs. Il était chargé de collecter l'argent à Haï Bounab et chez les agriculteurs des fermes voisines pour le remettre, par la suite, à l'émir ou au caïd. Un jour, le groupe a décidé de l'assassiner uniquement parce que quelqu'un leur avait dit qu'il avait l'intention de se repentir et de les dénoncer. C'est du moins ce qu'ils ont prétendu, mais d'autres disent qu'Ahmed et deux de ses amis lui avaient volé l'argent de la collecte et l'avaient tué afin d'éviter qu'il parle.

La cruauté des « frères » n'avait pas de limite. Leur

cynisme non plus. Ils étaient tellement imprégnés de sang qu'ils ne savaient plus faire la part des choses. Une fois, ils ont tué une jeune femme à Baba Ali parce qu'elle était fiancée avec un gendarme. Cette femme avait des dents en or. Quand Ahmed est rentré à la maison, il m'a dit sur un ton froid et le plus naturellement du monde : « Je voulais lui enlever ses dents en or pour te les apporter, mais j'étais trop pressé. » J'ai frémi à l'idée qu'à aucun moment il n'avait imaginé l'écœurement qu'il allait provoquer en moi, à cette seule évocation. Mais je me suis bien gardée de l'exprimer, bien sûr.

Au temps où il était avec moi, Ahmed n'exécutait pas les gens lui-même, il était spécialisé dans la fabrication des bombes. C'est du moins ce qu'il me faisait croire. Par la suite, j'ai appris qu'il ne s'en privait pas non plus et que même il le faisait avec plaisir. Mais je sais que, dans leur groupe, il y avait un tueur attitré, chargé d'égorger et de torturer, sous la direction du chef. C'était un garçon de quinze ans. Avant l'acte, on lui administrait des drogues, soit par injections soit en comprimés. Ce garçon, très petit de taille, était devenu sans cœur et sans émotion, m'a dit mon mari, après avoir vu un jour ses quatre frères, terroristes, mourir lors d'un accrochage avec les militaires. Lors de la même opération, un hélicoptère a bombardé leur maison, tuant également, sous les décombres, leur mère qui se trouvait à l'intérieur. Il était le seul rescapé de la famille. Depuis, il ne rêvait plus que de violence et ne pensait plus qu'à se venger. Il venait de temps en temps chez moi. Il s'habillait comme eux, avec un *kamis* et un chèche verts. Et il parlait comme un vieux. Il portait la haine en lui.

Les gendarmes et les « patriotes » – ces derniers surtout – commettent également des actes choquants parfois. Comme cette fois où j'étais à la station d'autobus de Benramdane, à attendre le fourgon qui nous sert de moyen de transport. J'ai vu des « patriotes » traîner derrière une camionnette le cadavre d'un homme. Il était tout nu et avait juste un morceau de papier qui lui cachait le sexe. Il avait une barbe et les cheveux longs. Les « patriotes » l'ont traîné ainsi dans tout le village en poussant des cris de joie. Les habitants du village applaudissaient. Tous ceux qui attendaient le fourgon se sont éparpillés. Certains, effrayés ; d'autres, pour se rapprocher du lieu du spectacle. Je suis restée seule, debout sur place. Puis j'ai éclaté en sanglots à l'idée que cela pourrait arriver à mon mari.

Quand Ahmed me racontait les atrocités que lui et son groupe commettaient, j'étais atterrée. Je m'imaginais à chaque fois qu'il pourrait un jour me faire la même chose, à moi ou bien à un membre de ma famille. Je regardais fixement ses mains et me disais : « Combien ces mains ont-elles tué de personnes ? » Et j'avais de plus en plus peur de lui. Car je savais bien que, même s'il m'aimait, il était sans pitié. Je suis persuadée que s'il avait eu un jour le moindre doute à mon sujet, il ne m'aurait pas épargnée. Pis, j'aurais eu droit au traitement spécifique réservé aux apostats. L'apostasie est le pire des crimes, pour eux. Il mérite le châtiment le plus fort. La punition que l'on inflige aux *taghout* est une douceur à côté. D'ailleurs, Ahmed me disait tout le temps que si sa mère ou son frère fautait un jour, il n'hésiterait pas à les punir de ses propres mains. Alors moi, la... « mère des croyants » !!!

15

Le travail d'Ahmed consistait donc à confectionner les voitures piégées et les bombes. C'était sa spécialité. Les voitures étaient conduites par des kamikazes. Le jour où une telle opération est montée, le kamikaze est préparé selon un rituel bien précis. Il est lavé et embelli comme on le fait pour un mort avant de l'enterrer. On lui met du henné sur les mains, il doit se blanchir les dents avec du *siwak*, etc. « Pour être beau lorsqu'il se présentera devant Dieu », disaient-ils. Ahmed était très tenté de se suicider dans l'une de ces opérations, mais il ne voulait pas le faire seul. Il m'a demandé une fois si je voulais le faire avec lui. Nous serions partis ensemble dans une voiture piégée et serions morts tous les deux. Il a essayé de me convaincre en m'expliquant que c'était là un acte suprême de dévotion. J'ai refusé. Je n'avais pas envie de mourir. L'attentat en question devait viser le poste de gendarmerie des Eucalyptus ou de Baraki.

Une autre fois, il m'a proposé une autre façon de sacrifier ma vie. Son idée était de mettre une bombe à l'entrée de notre maison en tirant des fils à l'extérieur de façon à ce que je les actionne au moment où les gendarmes ou les « patriotes » – que j'aurais attirés auparavant – arriveraient. La bombe exploserait ainsi, faisant sauter la maison, les gendarmes et moi-même. J'ai encore refusé. Quand je fis part à mes parents des projets morbides d'Ahmed, ils furent sidérés : « Est-ce vraiment tout ce qu'il te souhaite, la mort ? » Je pense effectivement qu'il voulait me voir mourir. De préférence avant lui, parce qu'il savait que lui ne vivrait pas longtemps. Plusieurs de ses amis sont morts de cette manière.

Quant aux bombes, je sais qu'il en préparait beaucoup. Quand il en fabriquait, je m'en rendais compte parce qu'il rentrait à la maison énervé et fatigué. Il disait que ça demandait beaucoup de concentration. Et puis, il était agacé tant qu'il ignorait si elles avaient produit l'effet escompté. Il n'en fabriquait jamais à la maison, mais surtout à Ouled Allel, où le « groupe » avait son laboratoire. C'est la nuit qu'ils préparaient les endroits où devaient être placées ces bombes, notamment celles qui devaient viser les convois militaires. Je les voyais prendre des pelles et des pioches de la maison et s'en aller creuser des trous pour les enfouir. Ahmed était chargé de la région de Haï Bounab et de quelques autres hameaux avoisinants. Dans chaque région il y avait un spécialiste des explosifs. Il n'en faisait pas pour Alger. Quand elles donnaient de bons résultats, c'est-à-dire qu'elles provoquaient la mort de beaucoup de gens, il était très satisfait.

Un jour, ils ont posé une bombe de forte puissance devant l'hôpital de Benramdane, à proximité duquel se trouve un poste de gendarmerie. Elle causa la mort d'une dizaine de gendarmes et de « patriotes ». Ahmed était heureux comme je ne l'avais jamais vu l'être, plus que le jour de notre mariage. C'était du reste à peine quelques jours plus tard. Parmi les morts, il y en avait un dont je connaissais bien l'épouse, une femme adorable, mère de deux enfants. Quand je l'ai rencontrée, plusieurs mois après l'attentat, elle m'a dit simplement : « Ton mari a tué le mien, mais je ne t'en veux pas, parce que je vois que tu es aussi malheureuse que moi. Il a fait également le malheur de son fils. Nous sommes des victimes toutes les deux. » Elle m'a fendu le cœur en me disant cela. Je crois qu'à cet instant j'ai haï Ahmed.

Une autre fois, il en a posé une sur l'une des routes qui mènent aux Eucalyptus et sur laquelle passe tous les jours un convoi militaire. Il avait prévu qu'elle sauterait au moment de son passage. Mais elle a explosé plus tôt que prévu, à peine quelques minutes après qu'il l'eut placée dans le trou. Des militaires en patrouille le repérèrent dans les parages et comprirent aussitôt que c'était lui l'auteur. Ils le poursuivirent à travers les vergers, mais sans réussir à le capturer. La bombe ne tua personne mais creusa un grand cratère au milieu de la chaussée. Ce jour-là, à défaut de saisir Ahmed, les gendarmes vinrent prendre son frère. Le soir, Ahmed entra en coup de vent à la maison, écrivit une lettre à la hâte et me la jeta dans la cour où j'étais en train de discuter avec des voisines. Puis il repartit de la même manière. Dans cette lettre, il me demandait de quitter la maison pour quelques jours, d'aller me cacher chez ses oncles maternels le temps que son frère soit relâché. Il avait peur que son frère ne me dénonce. J'ai fait ce qu'il m'a dit. Je me suis donc absentée pendant trois jours. Son frère a été gardé quarante-huit heures en cellule puis libéré. Quant à lui, sa disparition a duré une semaine. C'est à cet endroit où il a posé la bombe destinée aux militaires que, plus tard, seront tués deux de ses frères.

La dernière bombe qui a explosé à Haï Bounab fut celle de l'école. C'est cette nuit-là que les terroristes avaient décapité les cinq jeunes filles. Le matin, faisant son enquête, le capitaine de la brigade de gendarmerie des Eucalyptus a rendu visite à mes parents pour demander où j'étais. Les dernières personnes qui lui ont parlé étaient mon frère et ma mère. Après cette entrevue, et ne me trouvant pas, le capitaine est passé devant l'école. Sur le mur de celle-ci était collé un tract du GIA. C'était un piège. Le tract cachait un trou dans lequel était dissimulée une bombe. Au moment où le capitaine a arraché la feuille, elle a explosé, le déchiquetant. Quatre « patriotes » sont morts en même temps que lui. Heureusement, cela s'est passé tôt le matin, l'école était vide. La mort de ce militaire a causé de la peine à beaucoup de gens. C'était, de tous les gendarmes, le plus respectueux et le plus gentil. Aussi bien avec ses subalternes qu'avec la population. C'était l'un des rares qui, lorsqu'il allait chez quelqu'un, frappait poliment à la porte, disait bonjour à tout le monde et parlait avec douceur.

Pour justifier ses actes, Ahmed avait une *fatwa*[1]. Il disait : « Ce n'est pas moi qui tue. Ma main jette la bombe, mais en réalité, ce n'est pas moi. C'est Dieu qui m'ordonne de le faire et c'est lui qui guide ma main. » Quand je lui demandais si cela ne le dérangeait pas que tant d'innocents meurent tous les jours dans leurs opérations, il me rétorquait froidement : « C'est

1. *Fatwa* : avis juridique donné par les savants musulmans. Mais les membres du GIA font leurs propres *fatwas*.

ça la guerre. Il y a toujours des victimes innocentes. Le peuple participe ainsi à sa manière, en payant de sa vie. Et puis, les innocents ont de la chance de mourir ainsi, ils vont tout droit au paradis. Ce sont des martyrs. »

La mort, nous la voyions tous les jours à Haï Bounab, nous vivions avec. Mais pour les terroristes, c'était vraiment un jeu. Une fois, un hélicoptère de l'armée s'est mis à tourner au-dessus de nos têtes. Les militaires traquaient des terroristes qu'ils avaient repérés dans les vergers. Ils ont appelé la brigade des Eucalyptus, laquelle a envoyé une patrouille encercler notre hameau. Les terroristes se cachèrent derrière les arbres. Notre voisin, Hamid, réussit à les faire entrer chez lui. Puis, traversant de cour en cour, en passant par les fenêtres, ils sont arrivés jusque chez moi où ils se sont réfugiés dans la cache, tandis que l'hélicoptère poursuivait sa chasse. Les gendarmes ont entamé leur fouille. Ils sont entrés dans plusieurs domiciles, mais pas chez moi. Ma maison a été construite de telle manière que, de la rue, on n'en voit pas l'entrée. Elle peut être confondue avec la maison d'à côté car plusieurs plaques de tôle ondulée, posées à la suite l'une de l'autre, en constituent le mur extérieur. Pour entrer on soulevait l'une de ces plaques, mais les gendarmes ignoraient ce système. A peine les militaires partis, Ahmed est sorti de la cache et m'a demandé de leur préparer à manger. Ce qui venait de se passer ne les avait pas du tout perturbés. Ils trouvaient ça très amusant au contraire. C'est là que j'ai remarqué leur égoïsme, surtout celui de mon mari. Dans son abri souterrain, à aucun moment il n'avait pensé à moi qui tremblais de peur, seule dans la cour. J'en avais des crampes d'estomac. Tout le temps – plus d'une heure – que l'hélicoptère tournait dans le ciel, je n'appréhendais qu'une chose, qu'il bombarde le hameau. Si cela s'était produit, j'aurai péri la première. Je n'avais aucun moyen de me protéger. Après cela, Ahmed et ses amis ont déjeuné et sont sortis. Comme si de rien n'était.

Ils n'avaient pas été les seuls à se montrer égoïstes à cette occasion. Ma belle-mère, pour sa part, s'était montrée cupide. Sachant que j'avais de l'argent à la maison, elle avait accouru dès qu'elle avait entendu l'hélicoptère, me demandant de le lui remettre. En la voyant arriver affolée, j'ai pensé naïvement qu'elle craignait pour la vie de son fils. Eh bien ! pas du tout. Elle m'a avoué tout bonnement que si nous étions tués dans le bombardement, il n'y avait pas de raison que l'argent soit perdu. Mais je ne le lui ai pas donné.

C'est la lâcheté de la population de Haï Bounab, qui connaissait les terroristes un à un et n'ignorait rien de leurs faits et gestes, qui a permis à la terreur de s'installer dans le hameau. Depuis plus de trois ans, elle était soumise au diktat du GIA, mais jamais personne n'a rien dit. Ce n'est qu'au bout de ces années qu'un homme, Salah le pharmacien, osa dire quelque chose. Ce dernier avait un jour assisté, de loin et impuissant, à la séance de torture et à la mise à mort d'un garçon de quinze ans, qui avait été découpé en morceaux uniquement parce qu'il était le neveu d'un « patriote ». Il n'a pas supporté le spectacle et est allé, le lendemain matin, raconter ça aux gendarmes. Il leur a dit tout ce qu'il savait, y compris que mes beaux-frères collaboraient avec les terroristes, qu'ils leur donnaient de la nourriture et leur prêtaient leur voiture pour se déplacer. C'est après ces aveux que les « patriotes » ont tué mes beaux-frères. Salah le pharmacien a dû déménager sous la haute protection des militaires qui l'aidèrent à trouver un autre domicile ailleurs. Heureusement pour lui, car les terroristes sont venus le chercher par la suite mais, ne le trouvant pas, ils ont dû se contenter de brûler sa maison avec tout ce qu'il avait laissé dedans.

Les gendarmes ont également fait preuve, pendant longtemps, d'un laxisme incompréhensible. Peut-être n'étaient-ils pas préparés à ce phénomène du terrorisme ? Ou bien avaient-ils peur, tout simplement ? Ils n'ignoraient pas en effet l'existence des groupes armés, même s'ils ne les voyaient pas. Ils savaient qu'ils étaient là, dans le village, qu'ils mangeaient et dormaient chez les habitants de Haï Bounab, mais ne les cherchaient pas sérieusement. Quand ils apprenaient l'assassinat d'un citoyen, ils ne cherchaient pas à savoir comment cela s'était produit et qui pouvait en être l'auteur. Ils ont laissé faire jusqu'à ce que toute la population, se croyant abandonnée par les autorités, et pensant, par conséquent, que le GIA était le plus fort, se soit rangée du côté de ce dernier. A partir du jour où les assassinats devinrent chose courante, où les têtes de leurs voisins se baladèrent devant leurs portes, où l'école dont ils étaient si fiers fut détruite, les villageois ont compris qu'ils devaient se ressaisir. Ils réalisèrent alors tout le mal que pouvait faire le GIA, se retournèrent contre lui et demandèrent des armes pour le combattre.

16

Dans les rangs des terroristes aussi la mort faisait des ravages. Mais eux, ils la cherchaient. Ils jouaient à cache-cache avec elle. Parmi les amis de mon mari qui sont tombés comme ça, très jeunes, j'en connaissais plusieurs. Mohamed, par exemple, le mari de Fatma, que l'on appelait « Bouchouour[1] » à cause de ses cheveux longs. Ainsi que Mourad et Djilali, qui ont été tués dans les vergers lors d'un accrochage avec les forces de sécurité. Ahmed aimait beaucoup plus ses « frères » du GIA que les vrais. Il aimait particulièrement Rachid – c'est en sa mémoire que mon fils s'appelle Rachid. Ils étaient tout le temps ensemble et sont montés au maquis ensemble. Le jour où il a été tué, mon mari était avec lui. Ils étaient trois, Mohamed, Ahmed et Rachid. Quand les militaires sont arrivés dans le verger, Ahmed a réussi à grimper dans un arbre sans être vu. Mohamed est parvenu à s'enfuir au milieu des arbres. Mais Rachid, lui, a été touché par une balle en pleine poitrine. Il est tombé à côté d'un puits sec, mais n'est pas mort sur le coup. Le voyant étalé par terre, les militaires l'ont cru mort et ne se sont donc

1. *Bouchouour* : l'homme à la chevelure épaisse.

pas occupés de lui. Ils se sont mis à la poursuite de Mohamed qui leur avait échappé. Dans la poche intérieure de sa veste en cuir, Rachid avait des documents compromettants. Agonisant, il est tout de même arrivé à enlever sa veste et à la jeter dans le puits. Du haut de son arbre, Ahmed a vu la scène. Il a attendu qu'il n'y ait plus de danger. Les militaires, qui n'avaient pas attrapé Mohamed, sont revenus au bout de quelques instants pour enlever le cadavre de Rachid (qui mourra en fait deux jours plus tard à hôpital de Blida). Ils ne se sont pas aperçus qu'il n'avait plus sa veste. Après leur départ, Ahmed est descendu de son arbre et a retiré la veste du puits. Il a récupéré les documents et rapporté la veste et la montre qu'il y avait dans l'une des poches à la mère de Rachid.

Il y avait aussi Omar, qui habitait à Baba Ali, et qui venait prendre sa douche chez moi. C'était le seul qui était propre et cherchait à se laver de temps à autre. Le problème est que, chez moi, il n'y avait pas de salle de bains. Alors je ramassais toutes les affaires qui pouvaient traîner par terre et lui installais une grande bassine d'eau chaude au milieu de la chambre. Évidemment, il mettait de l'eau partout. Je n'avais plus qu'à nettoyer après. Omar est mort un jour dans un accrochage à Sidi Moussa. Il avait vingt-deux ans.

Lorsque l'un d'entre eux mourait, Ahmed pleurait à chaudes larmes. Quand je le voyais pleurer ainsi pour ses amis, je savais que ce n'était pas seulement parce qu'il avait de la peine, mais aussi parce qu'ils les enviait de le précéder au paradis. Il souhaitait en finir. Il me demandait souvent de faire une prière pour lui, afin que Dieu le rappelle à Lui pendant qu'il combattait. Je ne l'ai jamais fait. Ils disaient tous qu'ils souhaitaient mourir ainsi. Ils craignaient par-dessus tout d'être arrêtés et torturés.

Trois autres amis d'Ahmed ont été tués chez notre voisin Ali. Ce dernier les avait dénoncés après avoir été leur meilleur allié. Ils avaient une totale confiance en lui. Ali décida de les lâcher le jour où ils lui ont demandé de les laisser creuser une cache chez lui, avec un tunnel devant la relier à celle qui était sous ma maison – nos deux maisons étant séparées par trois autres. Ali n'avait d'autre choix que de leur donner son accord. Ils entamèrent les travaux et, au troisième jour, Ali les invita à dîner chez lui. Lorsqu'ils arrivèrent, les gendarmes étaient là pour les accueillir. Cela faisait deux jours qu'ils dormaient dans le champ de blé en face de chez moi, observant les allées et venues, mais personne ne les avait vus. Seul Ali savait. Les « frères » étaient quatre. Mohamed, qui était avec eux, tenait à la main un sac plein d'argent. Dès leur arrivée, les militaires ont ouvert le feu. L'un des terroristes a été tué sur le coup. Le deuxième, blessé à la jambe, a marché jusqu'à ma porte, puis s'est effondré. Le troisième s'est traîné jusque sous un olivier puis a rendu l'âme. Mohamed – qui leur avait échappé une première fois dans le verger – est entré dans une maison voisine et a pris trois filles en otages qu'il utilisa comme bouclier, empêchant ainsi les militaires de tirer. Il avait toujours le sac d'argent à la main et parvint à s'enfuir cette fois encore. Le matin, alors que les militaires étaient partis, ma mère, en sortant de chez elle, le vit s'en aller, tout barbouillé de terre et tenant toujours son sac d'argent à la main. Plus tard, dans la journée, les militaires sont revenus pour prendre les trois cadavres. Lorsque des terroristes sont tués comme ça, les militaires emmènent d'abord leurs corps à la morgue de l'hôpital pour les identifier, puis convoquent leurs parents auxquels ils donnent un document avec la photo de leur fils. Ce document doit être déposé au tribunal de la circonscription. Ce sont toujours les forces de sécurité qui enterrent les terroristes abattus.

Mohamed s'en tirera une autre fois miraculeusement. Ils étaient à Haouch Dubonnet chez une dame qui vivait seule. Il y avait Fatma, son mari et le mien ainsi qu'un ami à eux. Quelqu'un les avait donnés. Au moment où les gendarmes encerclèrent la maison, les trois terroristes parvinrent à s'introduire dans une maison voisine sans être vus. Dans le salon, il y avait trois petits lits. La maîtresse de maison leur demanda de se faufiler chacun sous un lit et elle tira les couvre-lits de façon à les faire traîner par terre. Quand les militaires entrèrent dans la maison, ils ne la fouillèrent que de façon superficielle – comme ils le font lorsque aucun des occupants n'est suspecté. C'était le cas en l'occurrence. Puis ils revinrent là où ils avaient laissé les femmes et commencèrent à les questionner. Fatma avait baissé son *khimar* sur ses yeux pour ne pas être reconnue, mais elle s'est fait repérer à cause de ses bagues. Elle en portait toujours une à chaque doigt. Un des gendarmes se souvint que, lors d'une première arrestation, ce détail l'avait frappé. Il lui en avait alors enlevé une – il n'avait pu lui en prendre d'autres parce qu'elle l'avait menacé de le dénoncer à son chef. Pour avoir menti, Fatma avait reçu une volée mémorable. Pour se défendre, elle mentit de nouveau, accusant son père de l'avoir donnée, sans son consentement, aux terroristes. Pendant que les gendarmes la frappaient, elle continuait à affirmer n'avoir vu personne ce jour-là, alors que son mari et ses deux amis étaient à quelques mètres de là. Entre-temps, Mohamed avait réussi à sortir de la maison voisine par une porte d'arrière-cour, voilé d'un *hidjab*. Il était armé et faisait marcher un enfant devant lui afin de s'en servir, éventuellement, comme bouclier. Les gendarmes ne se sont aperçus de rien. En revanche, dans le garage de la maison où étaient les femmes, ils ont trouvé des armes, des livres de propagande, des habits islamistes et bien d'autres choses encore, qu'ils ont emportées avec eux en partant. Ils ont brûlé le garage, puis emmené Fatma et la maîtresse de maison – elle aussi a été frappée à la brigade. Ils les relâchèrent deux jours plus tard.

Mohamed mourra quelques mois plus tard. Les militaires tirèrent sur lui alors qu'il marchait tranquillement à Haï Bounab. Surpris par les tirs, il essaya de résister. Blessé à la cuisse droite, il réussit tout de même à grimper sur le toit d'une maison où il fit le mort. Il avait un pistolet automatique dans sa poche. Les militaires obligèrent un voisin sans arme à aller vérifier qu'il était bien mort. Dès que le voisin s'est approché de lui, Mohamed a sorti son arme et tiré. Les gendarmes ont riposté, l'atteignant à la poitrine. Au moment de rendre son dernier souffle, il s'est mis à appeler sa mère de toutes ses forces. Il s'en voulait sans doute de lui avoir fait de la peine. Trois mois plus tôt en effet, sa mère l'avait quitté, très fâchée contre lui. Elle habitait auparavant une villa à Haouch Gros, près de Boufarik. Son mari, terroriste, s'était fait tuer par les « patriotes ». De peur qu'ils ne tuent aussi ses frères, Mohamed avait demandé à sa mère de venir vivre avec lui ainsi que tous ses autres enfants. Elle le suivait ainsi partout et changeait de maison – que le

GIA lui achetait – chaque fois que son fils se déplaçait. Le dernier lieu où elle était, c'était Douar Lahdjar. Jusqu'au jour où les terroristes décidèrent de lui casser son téléviseur. A l'époque, son fils en faisait de même avec celui des autres, il ne pouvait épargner la télé de sa mère sous peine d'être mal vu par ses « frères ». Sa mère, elle, ne voyait pas du tout les choses du même œil. « Mes huit enfants ne vont pas à l'école à cause de vous. Avec ce froid, ils ne peuvent même pas sortir, ils s'ennuient. Laissez-leur au moins la télé pour se distraire un peu. » Ils ne l'ont pas écoutée. Finalement, un jour, elle a profité de l'absence de son fils pour se sauver avec ses autres enfants. Elle est revenue quand même une semaine après pour prendre la solde que le GIA lui donnait régulièrement. Mohamed en avait conçu un tel dépit qu'il décida de ne plus la considérer comme sa mère. Le jour de sa mort, il a regretté son comportement.

17

Ahmed a été promu « émir » à la mauvaise période. Au moment où le vent a commencé à tourner et où la population ne soutenait plus le GIA. Bien au contraire, elle était en train de se rebiffer de plus en plus contre sa loi et le combattait même avec les armes. Le temps de la facilité qu'il avait connu les deux ou trois années précédentes était bel et bien révolu. Mais, comme personne n'avait prévu la rapidité avec laquelle le phénomène terroriste s'était étendu, nul ne s'attendait non plus à voir les choses basculer si vite. Pour Ahmed et moi, le jour des élections présidentielles a marqué le renversement de la situation. A partir de cet instant a débuté pour nous une nouvelle ère, faite de traque, de fuite et de peur. Et d'humiliation. Pour moi surtout, parce que c'est moi qui affrontais tous les jours les gendarmes.

Ce jour-là, en milieu d'après-midi, mon beau-frère, Bilal, fit irruption chez nous. Il était blême et avait le souffle coupé. Il s'est adressé à Ahmed : « Les gendarmes ont pris Nouredine (mon deuxième beau-frère). Ils sont en train de le tabasser à la brigade et vous cherchent toi et ta femme. » Ahmed m'a lancé : « Cette fois, c'est sérieux. Il faut que tu partes. Ne reste pas à la maison. Ils vont sûrement venir ici et je ne veux pas qu'ils te trouvent. Va chez mes oncles à Benramdane. » J'ai commencé à préparer mes affaires quand il me dit : « Prépare-nous le déjeuner avant de partir. » Ni lui ni ses « frères » ne semblaient pressés de se cacher. Ils étaient comme ça, ils voulaient toujours voir le danger de près. La plus angoissée, c'était moi. Quant à eux, ils ont mangé le plus tranquillement du monde. Puis, Bilal m'a conduite à Benramdane. Surpris de nous voir alors qu'ils ne nous attendaient pas, les oncles ont demandé des explications. Je la leur ai donnée évidemment en débitant tout, sans omettre aucun détail, au grand dam de Bilal qui me faisait des clins d'œil pour que je me taise. Il savait que sa famille aurait peur et refuserait de me garder chez elle. J'ai poursuivi néanmoins mon récit, ne voulant pas tromper des gens à qui je venais demander refuge. Bien entendu, ce que Bilal craignait arriva. Les oncles d'Ahmed n'ont retenu de mon histoire que la perspective de voir les gendarmes débarquer chez eux à ma recherche – et que penseraient donc les voisins ? Pour les convaincre qu'il n'y avait aucun risque pour eux et que je ne resterais que quelques jours, Bilal a dû aller chercher sa mère, qui a supplié ses frères quasiment à genoux. Ils finirent par céder mais me firent promettre de ne profiter de leur hospitalité que quelques jours seulement. Ce qui les a fait plier en vérité, plus que la compassion, c'était l'argument, subrepticement avancé par ma belle-mère, selon lequel la colère d'Ahmed, s'ils refusaient de lui rendre service, serait inimaginable.

Les trois oncles habitaient des maisons contiguës. Ils étaient tous informés de longue date des liens étroits qu'entretenait leur neveu avec le GIA. Leurs femmes me racontèrent qu'elles avaient déjà eu l'occasion de cacher Ahmed quelques fois, lorsque les gendarmes venaient pour des perquisitions de routine. Il n'était pas encore recherché à l'époque, mais les « patriotes » de Benramdane le connaissaient bien et étaient au courant de toutes ses activités. Tous les villageois de la Mitidja savent que si l'on veut éviter les problèmes avec les services de sécurité, il vaut mieux ne pas avoir chez soi une personne étrangère à la maisonnée au moment où ils arrivent. Rien de tel en effet pour éveiller les soupçons.

Ainsi, j'ai passé une semaine chez eux, au bout de laquelle Ahmed m'a donné signe de vie. Heureux de se débarrasser d'un fardeau encombrant, ses oncles l'ont prié de m'emmener. Cela ne l'arrangeait pas, bien sûr. En venant, il espérait bien les convaincre de me garder encore quelques jours, mais il ne voulait pas les contrarier. Lui aussi craignait une dénonciation de leur part. La méfiance était réciproque. Après réflexion, il a estimé que, tout compte fait, l'endroit où j'étais le plus en sécurité était Haï Bounab. C'est là que les gens le connaissaient et le craignaient. Il y était comme un chat sur son territoire. Mais, à Haï Bounab, il fallait toutefois trouver un lieu sûr car il était hors de question que j'aille chez moi, ni chez mes parents. Il m'emmena chez Ali.

Ali, manœuvre dans une usine de meubles à Alger, était un ami d'Ahmed. Il n'était pas membre du GIA, mais l'avait beaucoup soutenu. Ce dernier avait, à son tour, fait preuve d'une grande générosité à son égard. Les terroristes lui donnaient de l'argent à chaque fin de mois et l'aidaient à acheter des matériaux de construction pour agrandir sa maison – travaux qu'il n'avait toujours pas réalisés, du reste. Il n'avait qu'une pièce et une cuisine, mais me reçut très gentiment. Ses filles étaient mes amies. Elles me firent un lit avec elles et leur mère, dans la cuisine, où elles dormaient habituellement, tandis que lui et ses fils occupaient la chambre. Le lendemain de mon arrivée, Ali a envoyé à Médéa l'une de ses filles, Karima – qui avait le même âge que moi –, afin de pouvoir me faire passer pour elle. « Tu es l'une de mes filles maintenant, m'a-t-il dit. Si les gendarmes viennent, tu n'auras qu'à leur dire que tu es Karima. » Du coup, toute sa famille s'est mise à m'appeler Karima et je me suis habituée facilement à mon nouveau nom.

Malgré notre situation difficile, Ahmed n'a pas changé ses habitudes. Voyant bien que nous n'étions pas chez nous et que j'étais affaiblie par mon premier mois de grossesse, il ne me laissait pourtant pas en paix. Il exigeait de moi que je poursuive mes activités antérieures : préparer les repas pour le « groupe ». Ayant déjà la charge d'une famille de dix personnes, Khadidja, la femme d'Ali, se sentait encore obligée de m'aider lorsqu'elle me voyait suer devant mes fourneaux. Mais, malgré sa bonne volonté, elle ne m'était pas d'un grand secours, ses connaissances gastronomiques étant limitées aux plats paysans. Chez Ali, Ahmed se comportait comme chez lui. Il venait même passer la nuit avec moi de temps à autre. Parfois plusieurs nuits d'affilée, obligeant toute la famille à s'entasser dans la cuisine afin que lui et moi occupions l'unique chambre de la maison. Parfois, Ahmed ne restait que quelques heures avec moi et repartait au milieu de la nuit. Alors, tout le monde veillait jusqu'à ce qu'il s'en aille. Je suis restée un mois chez Ali.

Le subterfuge qui consistait à me faire passer pour Karima a très bien marché. Une première fois, les « patriotes », ayant remarqué un mouvement inhabituel dans la maison, sont venus inspecter les lieux. C'était le matin tôt, tout le monde dormait encore. Ils ont cerné la maison puis sont entrés. Quand ils ont questionné Ali, il leur a répondu, sans se démonter : « C'est ma fille Karima », en leur tendant son livret de famille. Les « patriotes » n'y ont vu que du feu.

Une deuxième fois, le matin toujours, j'étais en train de prendre le petit déjeuner – quand j'étais enceinte, je ne prenais que du citron le matin et ça tombait bien parce que dans la cour d'Ali il y avait un citronnier. Les « patriotes » entrent en trombe. L'un d'eux crie à l'adresse de Khadidja : « Fais sortir tes terroristes de fils. » Elle leur rétorque qu'elle n'a pas de fils terroristes. « Oui, mais nous savons que tu les soutiens », répliquent-ils. Sans laisser paraître la moindre émotion, elle leur lance sur un ton de défi : « Si vous avez des preuves de ce que vous avancez, montrez-les. » Ils fouillent la maison de fond en comble, sans rien trouver. Pendant qu'ils la questionnent, un fait me vient à l'esprit : Ahmed, qui était passé la veille, avait laissé son *kamis* sur le lit. Je me précipite dans la chambre, enlève mes affaires et l'enfile sous ma robe. Khadidja fut admirable ce jour-là. Ses reparties étaient aussi rapides et fortes que celles de ses interlocuteurs. Même quand les questions s'adressaient à moi, c'est elle qui s'empressait de répondre pour détourner leur attention de moi. Elle a agi ainsi sachant que, parmi les « patriotes », il y avait des anciens voisins à nous qui risquaient de me reconnaître. Mais ce ne sera pas le cas, le *khimar* que je portais très bas sur les yeux me couvrait une partie du visage, et puis la grossesse m'avait beaucoup changée.

Les « patriotes » nous ont rendu visite ce jour-là parce que la veille, le neveu de l'un d'entre eux, un adolescent de quinze ans, avait été égorgé, découpé en morceaux et jeté dans un ravin. Les patriotes ont appris qu'Ahmed – après son passage chez Ali – et son groupe étaient les auteurs de ce crime. C'est Salah le pharmacien qui les a dénoncés. N'ayant rien trouvé de suspect dans la maison d'Ali, ils se dirigent directement vers le domicile de ma belle-mère et demandent à mes deux beaux-frères de les suivre. Ils font également sortir mon père et deux autres jeunes voisins, Kamel et Rafik – dont les frères sont terroristes. Ils les font marcher jusqu'à l'endroit où l'adolescent a été tué et là, ils exécutent mes beaux-frères ainsi que Kamel et Rafik – Kamel était vraiment le plus gentil des garçons du hameau, il n'était pas connu comme activiste du GIA, mais peut-être aidait-il ses frères en cachette. Quant à Rafik, lui aussi n'avait que quinze ans. Leurs cadavres seront jetés dans le même ravin où le neveu du « patriote » avait été jeté la veille. Puis, sachant que l'information parviendrait jusqu'à Ahmed, les patriotes avertissent tous les habitants du hameau : « Vous avez assassiné un des nôtres, nous en avons tué quatre. Si l'un des nôtres est de nouveau touché, tous les hommes du hameau y passeront. » Mon père n'a eu la vie sauve que grâce à Salah le pharmacien, qui a intercédé en sa faveur, disant qu'il n'avait rien à voir avec les terroristes. N'ayant rien en effet, ni argent à leur donner, ni voiture à leur prêter, ni magasin pour les approvisionner, mon père n'était d'aucun intérêt pour les membres du GIA. Il leur avait donné sa fille, c'était largement suffisant.

Ce jour-là, Ali a failli mourir de peur. Khadidja s'est montrée plus courageuse que lui. Il ne cessait de répéter, tournant comme un lion en cage : « Ils vont nous tuer tous. » Puis, reprenant un peu ses esprits, il sortit s'informer dans le hameau. Il revint une demi-heure après et me déclara : « Ils viennent de tuer tes beaux-frères. Il faut que tu t'en ailles. Débrouille-toi pour trouver un autre endroit où vivre, je ne peux plus te garder chez moi car ils finiront tôt ou tard par te retrouver et toute ma famille paiera pour toi. »

J'avoue que seule la mort de l'aîné de mes beaux-frères m'a fait de la peine. J'ai pleuré pour lui parce qu'il avait été très gentil avec moi, c'est le seul de la famille de mon mari qui m'ait traitée avec égard.

18

Ali m'a ainsi renvoyée de chez lui et Khadidja l'a approuvé. Moi, je ne savais pas où aller. Je craignais, en outre, de sortir seule, sans papiers d'identité – je n'en avais jamais eu –, alors que les gendarmes étaient toujours dans les parages. J'ai essayé d'expliquer à Khadidja : « Je ne veux en aucun cas vous causer des ennuis, mais si tu veux que je m'en aille, sors avec moi. Les gendarmes penseront que tu es ma mère. » Elle a accepté ma proposition, pourvu que je quitte les lieux. Elle a endossé son *hidjab*, et a entraîné ses deux petites filles avec nous. Nous sommes sorties toutes les quatre et nous sommes retrouvées seules face aux gendarmes et aux « patriotes » dans la rue déserte. Je portais mon *niqab*[1]. Les « patriotes » l'ont scruté, essayant de deviner quel visage se cachait derrière. L'un d'eux me lança : « Où vas-tu ? » Sur le coup, je crus que j'allais m'effondrer. Khadidja a senti ma défaillance, elle m'a pris le bras pour me soutenir. Aucun son n'est sorti de ma bouche, j'avais peur que ma voix ne tremble et me trahisse. C'est elle, toujours

1. *Niqab* : Voilette que les femmes islamistes portent sur leur visage et qui couvre parfois les yeux.

courageuse, qui a répondu à ma place : « C'est ma fille, Karima. Je l'emmène à l'hôpital. » Le « patriote » a eu un moment de doute : « Tu es sûre que c'est ta fille ? », a-t-il demandé, inquisiteur. Elle lui a tendu le livret de famille qu'elle avait eu la présence d'esprit d'emporter avec elle en sortant. Une fois qu'il a contrôlé que le nom de Karima figurait bien sur le livret, il le lui a rendu en s'excusant et nous a laissées poursuivre notre chemin. J'ai repris alors mon souffle.

Khadidja ne savait pas non plus où m'emmener. Elle m'a conduite chez des membres de sa famille aux Eucalyptus, dont elle pensait qu'ils pourraient m'accueillir durant quelques jours. Quand nous sommes entrées chez eux, ils ont été surpris de la voir arriver avec une inconnue. Avec tout ce qui se passait, les gens qui, auparavant, tenaient leur porte ouverte à tous, étaient devenus très méfiants. Elle m'a présentée comme une cousine de son mari, arrivant de Médéa. Elle n'avait pas encore expliqué la raison de notre visite impromptue qu'un homme entra en s'exclamant, tout excité : « Les "patriotes" sont en train de chercher une femme et son mari pour les tuer. Ils ne les ont pas trouvés, alors ils ont tué les frères du mari à leur place. » Puis, il ajouta, après un moment de silence : « Si vous voyiez la mère de ces garçons, elle est devenue comme folle, elle crie toute seule dans la rue. » J'ai cru que cet homme m'avait reconnue. Ma gorge se noua et je sentis la sueur couvrir mon corps. Discrètement, je demandai à Khadidja de repartir sur-le-champ. « C'est le meilleur moyen d'éveiller les soupçons, me répondit-elle. Attends un peu. » Nous avons fait mine de n'être que vaguement intéressées par ce qui venait d'être dit. Nous avons pris un café que je n'ai avalé qu'au prix de gros efforts et avons pris congé de nos hôtes. Ce n'était pas le jour pour chercher un refuge. Tout le monde soupçonnait tout le monde.

Nous sommes donc revenues à Haï Bounab. En chemin, j'ai remarqué de loin ma belle-mère. Elle allait, tête nue – elle qui ne se dévoilait jamais –, sur cette piste en terre battue, toute maculée de sang. Elle s'arrêtait par moments pour se jeter et se rouler par terre. Sa robe blanche en était toute rouge et marron. Elle faisait de grands gestes avec ses bras. Visiblement, elle ne savait pas ce qu'elle faisait. Elle allait vers ses fils qui gisaient dans leur sang, les enlaçait en sanglotant, puis se levait et se mettait à marcher dans tous les sens en poussant des hurlements de bête sauvage. Devant le spectacle de ma belle-mère dans cet état, mon cœur s'est serré et j'ai éprouvé une très grande tristesse. J'ai à peine esquissé le geste d'aller vers elle pour tenter de la consoler, mais Khadidja m'a tiré par le bras. « Non ! », m'ordonna-t-elle fermement. Elle savait la haine que me vouait ma belle-mère et était sûre que, dans l'état d'hystérie où elle se trouvait, elle m'accuserait certainement d'être responsable de la mort de ses deux fils préférés. « Si elle te voit, elle te dénoncera aussitôt aux gendarmes », m'a-t-elle dit. J'ai donc dû me refréner. Ma belle-mère continuait de faire le va-et-vient de chez elle jusqu'à l'endroit où étaient jetés les cadavres de ses fils, à plusieurs centaines de mètres, en répétant les mêmes gestes et en proférant les mêmes sons déchirants. Par moments, elle se mettait à chanter le chant des morts, celui que chantaient il y a longtemps les pleureuses professionnelles. C'était insoutenable. Devant tant de douleur, je n'ai pu retenir mes larmes. Personne n'a essayé de l'approcher. Les voisins la regardaient évoluer, solitaire, dans sa folie, sans lui adresser un mot ni un geste. Au bout d'une heure environ de ce sinistre spectacle, une femme – qui avait elle-même perdu deux fils quelques mois plus tôt – a eu le courage d'aller vers elle et, avec beaucoup de patience, est parvenue à la ramener à la maison.

Quant à moi, Khadidja me ramena chez elle. Tout simplement. Elle était tellement bouleversée par ce que nous venions d'observer qu'elle n'a pas eu le courage de me livrer, à mon tour, à mon sort. Lorsque nous sommes arrivées à la maison, ses filles nous annoncèrent la nouvelle : leur père venait d'être transporté à l'hôpital. Il avait eu un arrêt cardiaque. C'était vendredi, jour de repos hebdomadaire. Pour exorciser sa peur, il était allé, comme d'habitude, à la mosquée de Baraki pour faire sa prière. C'est là, à la fin de l'office, qu'il était tombé, inanimé. Khadidja me lança des regards accusateurs, mais elle ne me dit rien. Je crois qu'elle était épuisée.

Le lendemain, Ali est sorti de l'hôpital. Il m'a fait comprendre que je devais absolument quitter sa maison. « Je ne veux pas mourir, ainsi que toute ma famille, par ta faute », m'a-t-il dit. L'idée de reprendre encore ma route à la recherche d'un toit m'a angoissée à un point tel que j'ai trouvé le courage d'affronter Ali et de lui dire des choses que je n'aurais jamais osé prononcer devant lui avant : « Quand mon mari était puissant, tu étais heureux de m'accueillir chez toi et maintenant que le vent a tourné, tu as changé de camp toi aussi ! » Mes propos l'ont tellement touché qu'il s'est braqué encore plus. Je n'avais plus qu'à sortir.

En désespoir de cause, je suis allée frapper à la porte

de mes parents. C'est mon père qui a ouvert. Dès qu'il m'a aperçue, il m'a claqué la porte au nez. Sans dire un mot. J'ai réalisé à cet instant que j'étais définitivement seule. Qu'il était désormais inutile de chercher une autre âme charitable. Personne ne m'offrirait le gîte ce soir. Je n'avais plus rien à perdre, je risquai une tentative insensée : j'allai chez ma belle-mère. Celle-ci s'était un peu apaisée grâce au soutien de la voisine qui avait su trouver les mots pour la réconforter. Mais dès que je franchis le seuil de sa porte, elle replongea aussitôt dans son précédent état d'hystérie. Elle se mit à hurler, à m'insulter et à me traiter d'assassin. « Sors d'ici, je ne te connais plus, tu n'es plus ma belle-fille. C'est toi qui as tué mes fils », vociférait-elle à en rameuter tout le hameau. C'en était trop : le monde s'écroulait autour de moi. Que faire ? J'ai éclaté en sanglots. Je comprenais sa douleur, mais j'aurais tant aimé qu'elle comprenne aussi la mienne. J'ai tenté de l'amadouer : « Comment peux-tu m'accuser comme cela ? Tu ne vois pas dans quelle situation je suis ? Je n'ai même pas où passer la nuit... » Elle était incapable d'écouter. Je lui ai demandé alors de me rendre mon livret de famille, que j'avais laissé chez elle. Elle refusa de me le rendre. « Il est à mon fils, pas à toi. » Inutile d'insister.

Je suis sortie. J'ai marché dans la rue en pleurant, sans but. Les voisins qui me voyaient passer – tous ceux qui, la veille, me traitaient comme une princesse –, refermaient leurs fenêtres et leurs portes, de crainte que je ne leur demande l'asile. Le temps passait, la nuit commençait à tomber et je restais seule dehors. Je suis retournée chez Ali et l'ai supplié de m'aider à trouver une solution. Il a encore refusé. Ma mère, me voyant errer comme une âme en peine, a eu pitié de moi. Elle est allée chez le père de Kamel et Rafik, dont les funérailles se déroulaient alors, et l'a prié de m'héberger pour une nuit. Il a accepté en précisant à ma mère que s'il le faisait c'est qu'il y avait beaucoup de gens ce soir-là chez lui et que je pouvais ainsi passer inaperçue. Mais le matin, je devais repartir.

J'ai passé trois nuits chez lui. Le matin, très tôt, je quittais sa maison et la journée, je tournais en rond dans le hameau. Puis, quand je n'en pouvais plus, j'allais dans ce qui fut ma maison et qui avait été brûlé par les « patriotes » le lendemain de ma fuite. Des voisins me donnaient qui un morceau de pain, qui une tomate. Je mangeais ça et j'attendais, dans la maison brûlée, la tombée de la nuit. Ma petite sœur venait me tenir compagnie. Ma mère l'envoyait, sachant que je m'ennuyais seule dans cette maison sombre et froide. C'était l'hiver, quelques jours avant le ramadan 1996. Je n'avais rien pour me couvrir. J'ai trouvé dans la cour un petit jerrican en plastique de cinq litres. Je m'en servais comme oreiller et m'allongeais sur un sac de jute que j'utilisais auparavant comme paillasson. Heureusement, la grossesse me procurait une énorme envie de dormir. Ainsi, malgré le froid et à même le sol, j'ai rattrapé toutes les nuits de sommeil dont j'avais été privée. C'est ce qui m'aidait à ne pas voir le temps passer. Pas trop, du moins. J'avais attrapé des poux à dormir n'importe où. Aussi, quand je ne dormais pas, ma sœur m'épouillait. Tous les soirs, quand la nuit tombait, ma sœur se mettait à pleurer à l'idée de me laisser seule dans le noir total. Mais il fallait qu'elle sorte la première pour que les voisins ne la voient pas avec moi et ne se doutent pas que j'étais dans ma maison. Pour ne pas attirer l'attention, j'évitais même d'allumer une bougie. Quand la nuit était vraiment noire, j'allais frapper à la porte des parents de Kamel et Rafik. Eux-mêmes s'étonnaient de mon courage. Quant à moi, j'en étais à un stade où je n'éprouvais plus rien, surtout pas la peur du noir.

Le quatrième jour, les funérailles de Kamel et Rafik étaient terminées. La famille s'était dispersée. Le père m'a fait savoir que je n'avais que trop abusé de son hospitalité. Ce soir-là allait se reposer le problème de ma quête d'un toit. La journée, je l'ai passée comme les précédentes, et, la nuit venue, je suis allée chez Ali et, sans vergogne, l'ai menacé : « Si tu ne m'acceptes pas chez toi, je dirai tout aux gendarmes. » Il m'a rétorqué : « Si tu me dénonces, tu y passeras aussi. » Je crois que, réellement, j'étais prête à le faire. Au point où j'en étais, je n'avais plus rien à perdre. Entre dormir dehors ou en prison, je préférais la prison. Ali sentit ma détermination. Il céda.

19

Par chance, cette nuit-là, Ahmed fit son apparition chez Ali. Cela faisait une semaine que j'étais sans nouvelles de lui. Dès que je l'aperçus, j'éclatai en sanglots et, incapable de refouler ma colère, je me mis à l'injurier. C'était la première fois que j'osais m'adresser à lui sur ce ton. Tout le ressentiment que j'avais accumulé depuis des mois s'épancha à ce moment-là. « Tu prétends te battre pour défendre les droits des gens, mais moi, ta femme, tu me laisses traîner de maison en maison, sans abri... » Puis, suprême insulte pour un macho comme lui : « Tu n'es pas un homme ! » Ces mots l'affectèrent au plus profond. Ce qui le gêna surtout, c'était que je lui fasse une scène de ménage devant les autres alors que, selon la théorie des islamistes, la femme ne doit jamais élever la voix devant un homme, encore moins devant son mari. Il fulminait mais, pour que je me taise, il essaya tout de même de me calmer. Il devait sauver la face : « Tout le monde me traite ici avec respect et déférence, et toi, tu es en train de m'humilier en public. » Mon énervement n'a fait qu'augmenter et mes cris se sont faits plus forts. Alors, excédé, il changea de tactique : « Si tu ne te tais pas tout de suite, je te tue », m'a-t-il menacée en armant sa *mahchoucha*. La vue de l'arme braquée sur moi m'a fait l'effet d'une massue. Je le croyais tout à fait capable de tirer. Je me suis tue. La tension a baissé un peu. Il a réfléchi un instant puis m'a fait une proposition : « Si ma mère accepte de te garder avec elle, je lui achèterai une maison dans un autre hameau pas loin d'ici et vous vivrez ensemble. » Je lui ai demandé pourquoi ne pas me l'acheter à moi, cette maison, pour qu'enfin je puisse avoir un endroit à moi, duquel personne ne me renverrait. Il refusa net : « Je ne veux pas que tu restes seule. Que diront les gens de voir ma femme toute seule ? » En vérité, il n'avait pas totalement confiance en moi. Dans son esprit, il était clair qu'une jeune femme seule était forcément soumise à toutes les tentations. Et, s'il s'absentait trop longtemps, ne risquerais-je pas de me laisser embobiner par quelque « patriote » ou gendarme et de le trahir ?

L'idée de cohabiter avec sa mère ne m'enchantait guère, mais j'ai dû accepter son offre. Ce qui comptait le plus pour moi en cet instant était d'en finir avec cette vie d'errance et d'affronts répétés. J'étais prête à subir les remarques de ma belle-mère pourvu que j'aie une vie stable. Après réflexion, Ahmed m'a dit que le mieux serait de trouver une bicoque à proximité de celle de mes oncles paternels à Cheraga afin qu'ils puissent avoir un œil protecteur sur moi. L'idée que j'allais enfin poser mes bagages quelque part m'a soulagée. J'ai même retrouvé le sourire. C'était la première nuit depuis longtemps que je dormis sans faire de cauchemar. Je me suis réveillée dès le lever du jour et, à la première heure, nous nous sommes rendus, Ali et moi, à Cheraga, pour demander à l'un de mes oncles de prospecter pour nous dans son quartier – il y a là en effet de nombreuses maisons en construction et leurs propriétaires les louent souvent avant qu'elles ne soient achevées, pour un loyer accessible, ou bien les vendent en l'état, pas trop cher.

Toute guillerette, je n'ai pas eu le temps de frapper à la porte du plus jeune de mes oncles. Dès qu'ils m'ont vue arriver, de loin, avec Ali, mes deux oncles sont entrés dans une fureur incontrôlée. Ils avaient appris que j'étais recherchée et, ne connaissant pas Ali, ils l'ont pris pour un terroriste, ami de mon mari. Ils ne voulaient en aucun cas être impliqués dans mes affaires. Sans même nous écouter, ils nous ont chassés comme des voleurs en menaçant d'appeler les gendarmes. Ils ont même interdit à Ali de remettre les pieds dans les alentours.

Avec des mines de chiens battus et la honte au front, nous avons rebroussé chemin pour atterrir, encore une fois, chez Ali. Où j'ai passé une autre nuit. Le matin, Ahmed m'a emmenée dans une ferme à Ouled Allel. J'y ai été accueillie, durant une semaine, par la veuve d'un autre terroriste qui vivait là avec ses enfants et sa belle-mère. Après la mort du mari et du beau-père, qui avaient été tués à Haouch Gros, les femmes avaient préféré s'installer à Ouled Allel où elles étaient au milieu de leurs amis. Ici, les forces de sécurité n'étaient jamais entrées. J'ai passé ainsi une semaine à Ouled Allel avec cette famille. Hadda m'a rejointe au bout de quelques jours. La nuit, nos maris venaient également. Nous, les femmes, passions nos journées à cuisiner pour les groupes armés de la région qui étaient beaucoup plus nombreux qu'à Haï Bounab. Mais, avec ses trois petites pièces et sa cuisine, la demeure était vraiment trop petite pour abriter tout ce monde. Avec Ahmed, nous dormions dans la cuisine, qui n'avait ni porte ni fenêtre, et que nous partagions avec Hadda et son mari. Un semblant de rideau en tissu faisait office de séparation entre nos deux lits. J'ai dit à Ahmed que cette situation ne pouvait pas durer longtemps.

Un jour, il est arrivé en disant : « Ça y est, je t'ai trouvé un refuge où tu seras bien. » Il m'a indiqué une adresse à Birtouta, près de Boufarik, où, m'a-t-il affirmé, une famille m'attendait. Je m'y suis rendue, chaperonnée par la belle-mère de la dame chez qui j'étais. Nous sommes montées ensemble dans le fourgon d'une compagnie privée, qui fait office de transport interurbain depuis que les autobus publics ont presque tous été brûlés par les terroristes sur les routes. Mais, à notre descente, à l'entrée de Birtouta, mon accompagnatrice a aperçu un barrage de l'armée et des militaires fouillant les passagers d'un autre fourgon. Nous ne portions rien de suspect sur nous, mais elle avait peur que l'on me demande une pièce d'identité et elle savait que je n'en possédais pas. Sur-le-champ, elle fit demi-tour et me laissa tomber. Pour toute explication, elle m'ordonna : « Vas-y toute seule. Tu es assez débrouillarde. » Les premières secondes d'hésitation passées, je me suis ressaisie. Il était hors de question que je fasse également demi-tour. De toute façon, c'est ainsi que nous aurions eu l'air suspect. J'ai pris mon air le plus déterminé et mon pas le plus ferme et j'ai poursuivi ma route. Et ça a marché ! Personne ne m'a adressé la parole, ni n'a semblé remarquer ma présence.

Je ne connaissais pas la maison, j'avais seulement en tête les indications que mon mari m'avait données.

Discrètement, j'ai scruté le paysage jusqu'à tomber sur la porte marron que je cherchais. De l'extérieur, la maison était très cossue. Visiblement une demeure de riches. J'ai frappé. Un jeune homme est sorti. Je lui ai donné le mot de passe. C'était le nom de guerre de leur fils qui était au maquis et que personne, excepté sa famille, ne connaissait. Il m'a fait entrer. Sa mère et ses sœurs sont arrivées. Elles étaient ravies de m'accueillir chez elles et m'ont manifesté beaucoup de chaleur. Une fois à l'intérieur, dès le premier coup d'œil, je me suis persuadée qu'il s'agissait effectivement de gens riches, la famille Ghali de Birtouta, très connue et respectée dans la localité. Le mobilier intérieur était aussi beau et luxueux que la bâtisse. Je saurai, par la suite, que les Ghali possèdent une usine de fabrication de carrelages et de matériaux de construction à Sammar, dans la zone industrielle d'Alger. J'avais faim, ils m'ont offert à dîner. Puis la maîtresse de maison m'a préparé un bain chaud dans leur grande et belle salle de bains tout en marbre. Je n'avais jamais pris un aussi bon bain. Elle m'a apporté des vêtements propres appartenant à ses filles. Enfin, elle me posa la question rituelle des islamistes : « Verrais-tu un inconvénient à te présenter devant mes fils ou bien préfères-tu ne pas les côtoyer ? » (Chez les islamistes, les femmes et les hommes ne doivent pas se rassembler dans un même lieu.) Je lui ai répondu : « Maintenant que je suis chez vous, je me considère comme faisant partie de votre famille. J'accepte leur compagnie mais je ne veux pas leur serrer la main. » Elle m'a approuvée et a ajouté : « De toute façon, c'est péché, ça. Chez nous non plus cela ne se fait pas. Les femmes saluent les hommes de loin, ça suffit. »

Mme Ghali a six fils dont un est au maquis et un deuxième est membre du GIA, mais en ville. Toute cette famille, femmes et hommes, et chacun à sa manière, aidait le GIA. Ils étaient très croyants et pratiquants. Les filles portaient le *hidjab* et le *khimar* en permanence, et priaient sans cesse. Elles passaient leurs soirées à lire le Coran. Quant aux garçons, ils s'occupaient des affaires familiales et militaient à longueur de journée. Ils étaient très contents de me voir et me posèrent beaucoup de questions, voulant tout savoir sur la vie de Haï Bounab et des environs, leur zone d'activité se situant autour de Birtouta.

Le lendemain, en milieu de journée, Madame Ghali m'a apporté des vêtements neufs qu'elle venait d'acheter à Boufarik. C'était le premier jour du ramadan et mon premier jour de repos depuis des semaines. Au moment de la rupture du jeûne, toute la famille s'est réunie autour de la table. A peine avions-nous entamé notre première bouchée que Mme Ghali a fondu en pleurs. Elle s'est rappelé son fils parti au maquis et sa fille qui venait de se marier. Elle estimait que sa maison était en train de se vider un peu trop vite alors qu'elle avait toujours été emplie d'une nombreuse progéniture. Et ses deux autres fils qui risquaient leur vie tous les jours... Elle interrompit son repas. Pour un premier jour de ramadan, l'ambiance était plutôt morne. Heureusement, à peine le dîner terminé, Ahmed et le fils de Mme Ghali, le terroriste, firent irruption dans le salon. L'ambiance changea aussitôt. Au comble de la joie, mon hôtesse remit la table pour les deux nouveaux convives et, avec eux, retrouva son appétit. Ahmed resta quelques heures avec moi – la maison était si grande que nous pouvions nous isoler dans une chambre sans gêner personne –, puis il s'en alla. Je ne le revis que quinze jours plus tard. Le jour où il m'envoya chercher pour m'emmener ailleurs.

Je ne suis restée, malheureusement, que deux semaines chez la famille Ghali. Je dis « malheureusement », parce que ce furent les jours les plus sereins et reposants que j'aie vécus depuis que j'avais connu Ahmed. C'est la seule période de ma vie d'épouse où je dormais tout mon saoul, dans un lit confortable, dans une maison chauffée et, surtout, où je n'étais pas obligée de trimer comme une bête de somme. J'étais bien traitée et Mme Ghali refusait que j'aide ses filles aux travaux ménagers – de plus, elle avait deux femmes de ménage. Elle me disait toujours, sur un ton maternel : « Repose-toi pour que ton futur bébé soit en bonne santé. » Les garçons Ghali ont été très gentils avec moi. Ils m'apportaient tous les jours des cadeaux que j'avais honte de prendre. C'était la première fois que je côtoyais des hommes étrangers à ma famille. C'était si nouveau pour moi que je commençais à imaginer des choses pas bien pour une femme mariée, et même à en rêver la nuit. Pendant ces quinze jours, j'ai remarqué que beaucoup de terroristes fréquentaient cette maison, de préférence la nuit, en groupe. Ils mangeaient, faisaient des réunions, etc. La famille recevait beaucoup. D'autres femmes de terroristes rendaient régulièrement visite à Mme Ghali et réciproquement. Elles avaient organisé une chaîne de solidarité, et les visites servaient à s'informer sur les besoins des unes et des autres, afin d'y pourvoir. C'était leur façon de militer.

Les Ghali ne sont pas les seuls riches qui aidaient

le GIA. Je connais un autre monsieur, Azzedine, qui habite aussi Birtouta, et qui a une usine de chocolat et de biscuits. Il a laissé tomber ses affaires pour prendre le maquis.

20

Au bout de quinze jours de cette vie de rêve, trop belle pour durer, Ahmed m'a fait parvenir un message par un individu que je ne connaissais pas, et qui est venu dans une voiture, accompagné de ses deux petites filles – les terroristes et leurs amis se baladent souvent avec des enfants pour ne pas attirer l'attention. Il m'a seulement fait savoir que je devais le suivre. Je me suis exécutée. Sur la route, le monsieur n'a pas prononcé un seul mot. J'ai eu beau le questionner, il a refusé de me dire même où nous allions. Après un long trajet, et maints détours, j'ai reconnu le chemin de Haï Bounab. Il m'a déposée chez mes parents et a fait demi-tour. Toujours sans prononcer un mot. Jusqu'à aujourd'hui je ne sais pas qui c'était. Ahmed est arrivé quelques instants plus tard. D'abord, il m'a fait une scène. Comment avais-je osé lui écrire une lettre que j'avais envoyée, quelques jours auparavant, par le biais de l'un des fils Ghali ? Je voulais tout simplement avoir des nouvelles de lui. Il ne m'avait pas répondu, bien sûr. Tout ce qu'il a trouvé à me dire, c'est : « Tu m'as fait honte devant mes amis. Ils ne reçoivent pas de lettres de leurs femmes, eux ! » Puis, une fois la colère passée, il m'a annoncé qu'il avait trouvé une maison pour moi. Quel bonheur ! J'étais aux anges. A en oublier le procès injuste qu'il venait de me faire. En fait, Ahmed ne voulait pas me laisser chez les Ghali parce qu'il n'était pas lui-même à l'aise chez eux et ne pouvait pas s'y comporter comme il le faisait avec les habitants de Haï Bounab. Il souhaitait par ailleurs me savoir pas trop loin de lui.

La maison qu'il m'avait trouvée, c'était celle de Khalti[1] Zohra, une vieille dame qui vivait seule à Haï Bounab, depuis que ses fils, fuyant le terrorisme, s'étaient installés à Chlef[2]. Elle avait refusé de les suivre et d'abandonner sa maison. Profitant de son absence ce jour-là, Ahmed et ses « frères » ont défoncé sa porte et nous y ont installées, Fatma et moi. Lorsque Khalti Zohra est rentrée le soir, elle fut sidérée. De surprise et de frayeur. Fatma et moi avons tout fait pour essayer de la rassurer. Elle n'a rien voulu entendre, elle était horrifiée à l'idée que les terroristes l'assassinent et lui prennent sa maison. Lorsque, un peu plus tard, Ahmed et ses amis sont revenus, ils ont prié gentiment Khalti Zohra de rester et de veiller sur nous. « Ce sont deux jeunes femmes, nous n'osons pas les laisser seules, ce serait bien que tu leur tiennes compagnie, comme si tu étais leur mère. » Sur le coup, elle acquiesça. Mais le lendemain, à la première heure, elle amena une remorque, chargea toutes ses maigres affaires dedans et s'en alla chez sa fille à Haouch Pastel. Elle prit bien soin de tout déménager, y compris une vieille couverture que j'avais apportée de chez ma

1. *Khalti* : tante en arabe. Mot familier utilisé pour désigner n'importe quelle femme d'un certain âge.
2. Chlef : ville située à deux cents kilomètres à l'ouest d'Alger.

mère. Nous nous sommes retrouvées, Fatma et moi, sur le ciment – le sol de toute la maison était en ciment – et il faisait très froid. J'avais des frissons et je perdais du sang. La fille de Fatma, qui n'avait que trois mois, était avec nous. J'ai fait le tour de la maison, inspectant tous les coins et recoins dans l'espoir de tomber sur un quelconque objet pouvant servir à nous protéger du froid. Rien. Tout ce que Khalti Zohra avait négligé de prendre était, jetée dans un coin, une vieille derbouka[1] cassée. Je l'ai renversée et me suis assise dessus, évitant ainsi le contact glacial du ciment. Le soir, nos maris sont venus s'enquérir de notre situation. Ils ont remarqué le dénuement total dans lequel nous étions. Pour toute aide, ils nous ont recommandé de tenir le coup jusqu'au lendemain, puis sont repartis, prétextant avoir des « choses importantes à faire ».

En chemin, ils ont fait un détour chez Khalti Zohra – ils savaient qu'elle ne pouvait être que chez sa fille à Haouch Pastel – et l'ont menacée de la tuer et de lui prendre définitivement sa maison si elle ne réintégrait pas son domicile pour nous servir de chaperon. Ils craignaient que, nous sachant seules, des « patriotes » ou des gendarmes ne viennent nous ennuyer. Quand, le lendemain matin, Khalti Zohra est revenue, elle nous a trouvées transies de froid. Surtout Fatma, qui avait enlevé son *hidjab* pour emmitoufler sa fille. Vers treize heures, Ahmed et Mohamed débarquèrent à bord d'un camion bien chargé. Il y avait là de quoi remplir une maison entière : des meubles, une cuisinière, des couvertures, des draps, de la vaisselle. Rien que des pro-

1. Derbouka : instrument de percussion fait d'une caisse en céramique et d'un fond en peau de poisson ou de chèvre.

duits chers, de marque étrangère. Tout était neuf. Il y avait même une machine à laver – que je n'ai jamais utilisée parce que je ne savais pas la faire fonctionner – mais aussi parce que les effets des membres du « groupe » étaient tellement sales lorsqu'ils me les donnaient à laver que le lavage en machine ne pouvait en venir à bout. Il y avait également deux grands couffins pleins de victuailles. Ils avaient emporté tout ça des maisons de deux « patriotes » qu'ils avaient tués la veille – c'est pour cette raison qu'ils se disaient occupés. Ils avaient l'habitude de dévaliser les maisons des gens qu'ils assassinaient, ou bien celles des émigrés absents. « C'est notre butin de guerre », expliquaient-ils. Dans le lot du jour, il y avait aussi des vêtements neufs. Mais, dans ce domaine, Ahmed n'avait aucun goût. Il ne m'apportait que des habits qui ne me plaisaient pas.

Nous avons passé quinze autres jours dans la maison de Khalti Zohra, durant lesquels nous étions comme chez nous. Pour preuve, nous avons organisé le mariage d'un ami d'Ahmed. Le « groupe » a offert à la nouvelle mariée de quoi se meubler entièrement. Il y avait même un radiateur et un ventilateur. Khalti Zohra était toujours avec nous. Nous étions devenues amies. Comme elle faisait un peu de couture, elle nous a confectionné plusieurs petites choses, à Fatma et moi ainsi qu'à la petite. Un jour, elle me dit qu'elle manquait de fournitures. Je me suis dévouée pour l'accompagner à Baraki afin qu'elle s'approvisionne en produits de mercerie. Nos maris, méfiants de tout le monde, nous avaient formellement interdit de la laisser sortir seule. Sur le chemin du retour, alors que nous étions presque arrivées à la maison, elle m'a dit :

« Nous ne sommes pas loin, tu n'as qu'à continuer toute seule. Quant à moi, je fais un crochet par la mairie des Eucalyptus pour récupérer la pension qu'elle me donne chaque mois. » En toute confiance, j'ai fait ce qu'elle m'a dit. A la nuit tombée, elle n'était toujours pas revenue. Ahmed et ses amis, qui étaient là, ont compris que quelque chose ne tournait pas rond. En me quittant, Khalti Zohra était allée chez les gendarmes leur raconter toute l'histoire. Elle en avait même rajouté un peu. Le surlendemain, aux aurores, nous avons été surpris par des tirs d'armes à feu. Comme d'habitude, un membre du groupe faisait le guet dehors. Ce sont ses tirs qui nous alertèrent. Les gendarmes cernaient la maison. Durant deux jours, ils avaient observé les allées et venues, puis ils ont donné l'assaut.

Après les quelques minutes de surprise et d'incertitude qui ont suivi l'arrivée des militaires, le premier sentiment que j'ai éprouvé a été, j'en suis sûre, le soulagement. Je crois avoir ressenti la même sensation lors de mon accouchement. La délivrance après toutes les douleurs qui m'avaient déchiré les entrailles. Pendant qu'ils nous emmenaient au poste de gendarmerie, et au fur et à mesure que nous nous éloignions de la maison, une profonde lassitude m'envahissait. C'était bizarrement agréable, ce sentiment mêlé d'angoisse et d'abandon. Pour une fois, mon sort ne dépendait plus de moi. Je pouvais m'en remettre au destin. J'ai néanmoins essayé de résister. Pour la forme. Par orgueil aussi sans doute. J'ai lancé quelques mots d'invective aux gendarmes, histoire de leur montrer que je n'avais pas peur d'eux et que je n'étais pas prête à me laisser faire. Mais au fond, je les observais avec un sentiment diffus de haine certes, de colère sûrement, mais aussi de reconnaissance. Oui, j'avais de la reconnaissance. Pour eux d'abord, car ils allaient me libérer alors que j'étais dans une période où, ma grossesse aidant, je me demandais si je verrais jamais le bout du tunnel. De la reconnaissance aussi, et surtout, pour Khalti Zohra qui, en nous dénonçant, me sortait sans le savoir du piège dans lequel je m'étais enferrée. C'était comme si j'avais enfin cassé les chaînes qui m'entravaient depuis des années. Khalti Zohra – que je n'ai plus revue – ne saura sans doute jamais l'immense service qu'elle m'a rendu.

21

C'était la fin du mois de mars 1996. L'opération était menée par les forces combinées : militaires, gendarmes et groupes de légitime défense. Ils sont arrivés vers six heures du matin, à bord de plusieurs voitures et ont encerclé la maison. Ahmed et ses amis étaient au nombre de neuf. Fatma dormait avec son mari dans l'une des chambres. Moi, j'étais réveillée depuis un moment pour préparer, comme d'habitude, le petit déjeuner. Ahmed aussi était debout. Aux premiers tirs, nous avons compris que nous avions été dénoncés. Avec la rapidité de l'éclair, Ahmed et ses amis disparurent. Dans ce hameau où la plupart des maisons sont mitoyennes et à ras de terre, il est très facile de s'enfuir en sautant d'une fenêtre à l'autre. Bien entendu, les voisins, terrorisés, songeaient trop à leur propre survie pour crier ou faire quelque chose contre eux. D'ailleurs, ils les craignaient plus que les gendarmes. Une fois dans les vergers qui entourent le hameau, il n'y a pas meilleure protection que celle des arbres que les terroristes connaissaient un à un. Dans sa précipitation, Ahmed oublia son arme sur la table de nuit. Je le rappelai afin qu'il la prenne. En partant, il me dit : « Prends garde à l'argent. » Ses propos me choquèrent profondément. Il n'eut aucun mot pour moi qu'il laissait face aux militaires et aux gendarmes. Seul l'argent le préoccupait.

Les militaires entrèrent dans la maison. Ils étaient six ou sept, je ne m'en souviens plus très bien. Les autres montaient la garde dehors. Dès qu'elle les aperçut, Fatma fondit en larmes. Elle s'inquiétait pour sa fille essentiellement. Visiblement agacé par ses pleurs, l'officier préféra l'ignorer et s'adresser à moi. J'avais l'air plus serein, probablement.

– Où sont-ils, m'a-t-il demandé ?

– De qui parlez-vous ? Nous sommes seules, lui répliquai-je.

L'officier ne me crut pas, bien sûr, mais il avait compris qu'ils étaient arrivés trop tard, qu'ils venaient de rater le groupe de Haï Bounab dans sa presque totalité.

Je ne sais ce qui m'a pris, mais j'ai eu une envie irrépressible de jouer avec ces gendarmes. Je voulais certes en finir mais, en même temps, je refusais de faciliter la tâche à ces *taghout* que mon mari combattait avec acharnement – et moi aussi, après tout. Je n'étais pas du tout certaine que mon attitude était la bonne, mais j'ai senti que j'avais un rôle à jouer, il fallait que je le joue. Il eût été trop facile que j'avoue tout, tout de suite. Les militaires ont fait un tour dans les différentes pièces, en jetant des regards scrutateurs, mais sans vraiment fouiller. Ainsi, à première vue, ils n'ont rien trouvé qui puisse les intéresser. Ils sont sortis. Pour revenir, quelques petites minutes plus tard, accompagnés d'un homme qui était resté à l'écart dans la cour. Ce dernier était en tenue civile et avait le visage masqué par une cagoule. Lui aussi nous avait dénoncés. C'était un voisin qui nous connaissait tous. Les renseignements fournis par Khalti Zohra ne devaient pas être complets ou pas assez cohérents, puisqu'il a fallu aux militaires recourir à ce procédé.

– Regarde bien ces femmes. Est-ce qu'il s'agit des personnes que tu connais ? lui a demandé l'officier en nous désignant Fatma et moi.

– Oui, ce sont elles, répondit sans hésiter l'homme encagoulé.

Sa voix ne m'était pas inconnue. Mais, sur le moment, j'étais incapable de lui attribuer un nom. J'ai su bien plus tard qu'il s'agissait d'un jeune homme qui avait lui-même collaboré avec le GIA quelques mois plus tôt, puis avait changé de camp, après l'assassinat de son frère par ses anciens compagnons d'armes. Il avait demandé le statut de repenti afin qu'on lui applique la loi sur la *rahma* [1]. Cette fois, les gendarmes procédèrent à une autre fouille, beaucoup plus minutieuse que la première. Dans un placard, sous le linge, ils trouvèrent un petit sac en tissu plein d'argent – soixante mille dinars. Ils l'emportèrent, ainsi que certains accessoires et autres produits que les membres du « groupe » utilisaient pour leur rituel : *siwak*, henné, musc (qu'ils boivent avant de participer à une opération afin de ne pas saigner en cas de blessure), plusieurs exemplaires du Coran et des livres de propagande islamiste. Ils ont trouvé également des vêtements constituant l'accoutrement typique des terroristes du GIA.

1. *Rahma* : Clémence. Loi du même nom, promulguée en 1995 et appliquée aux terroristes repentis. Ces derniers bénéficient ainsi d'un jugement plus clément, surtout s'ils acceptent de collaborer avec les forces de sécurité.

Dans un coin de la cour, ils ont découvert une cocotte, des assiettes et des couverts ayant servi. Ils ont deviné que, la veille, j'avais envoyé leur dîner à quelques terroristes. Ce qui était vrai. Quelques « frères » avaient pris leur repas dehors. L'officier m'a demandé où ils étaient. Je lui ai répondu que je n'en savais rien.

Pour les militaires, il n'y avait plus de doute possible. Ils étaient bien dans un repaire de terroristes du GIA.

– Sors d'ici, fille de putain, me lança un « patriote ».

Un autre s'approcha de moi et me demanda si j'étais mariée. Sans savoir pourquoi, je mentis encore. J'étais pourtant convaincue que j'avais tout à gagner à me montrer coopérative. Cela ne m'empêcha pas de poursuivre mon jeu pervers qui consistait à tenter de les tromper. J'ai agi ainsi parce que, petit à petit, j'ai réalisé que j'étais en train de vivre la fin d'un épisode de ma vie. Celui que j'avais vécu avec Ahmed, l'émir du GIA de Haï Bounab. Cet épisode, je voulais, au fond de moi, le prolonger un peu.

– Cela ne sert à rien de mentir, me dit un jeune militaire qui n'avait pas ouvert la bouche jusque là. Et ça, c'est quoi ? dit-il en pointant son arme sur mon ventre.

J'étais à ce moment-là enceinte de cinq mois. Malgré ma robe large, cela se voyait. Je me suis rendue compte que persévérer dans mes mensonges sur ma vie privée serait stupide. Mais je n'avais pas envie de céder, cet instant devait être le plus long possible. J'ai alors essayé une autre tactique, histoire d'impressionner tous ces hommes en tenue qui constituaient encore, pour moi, les représentants de l'État impie qu'il fallait abattre. Je devais faire honneur à mon « émir » de mari, je m'étais donné pour mission de le remplacer dignement. Subitement, je me suis mise à leur crier toutes les insultes que je connaissais, sans aucune retenue. Il a fallu qu'un « patriote » fasse le geste de me frapper pour que je me taise. Il n'est pas allé jusqu'au bout de son acte, l'officier l'ayant arrêté à temps.

– Enlève ton *khimar*, m'ordonna le « patriote ».

Je refusai. Et, affichant une grande détermination :

– Si tu crois pouvoir disposer de ma vie, tu n'as qu'à me tuer. Je n'ai pas peur de toi, ni de personne. Je n'ai peur que de Dieu.

– Tu es des leurs, alors, avoue ! Nous devinons qui tu es maintenant, cria de toutes ses forces l'officier.

Me tournant vers Fatma, je l'apostrophai :

– Parle, toi. Tu es devenue muette ou quoi ?

Elle pleurait de plus belle. Les militaires nous demandèrent de nous tourner contre le mur. Mon instinct me disait qu'ils ne nous feraient pas de mal. Curieusement, à aucun moment je n'ai pensé qu'ils pouvaient nous tuer. Sauf à la fin. Quand, me tournant vers Fatma, je l'ai vue, l'index droit levé, en train de réciter à haute voix sa profession de foi, comme le font les mourants sur leur lit de mort. Là, j'ai été prise de doute et d'appréhension. Une fraction de seconde, j'ai envisagé la possibilité que nous soyons abattues. Ou pis, torturées. Il valait mieux cesser de jouer. Alors, comme par enchantement, tous mes muscles se sont relâchés et une profonde tristesse m'a saisie. Sans y prendre garde, et sans bruit, je me mis à pleurer.

22

Je souhaitais réellement en finir avec cette vie, mais l'idée de perdre mon mari ou de le trahir m'horripilait. Un peu par crainte d'une réaction violente de sa part certes, mais aussi par amour pour lui sans doute. Ainsi, après avoir tenté de résister aux gendarmes, je me suis laissée aller à mon découragement. Qui n'a duré qu'un moment, du reste. Une fois que les gendarmes ont acquis la certitude qu'ils étaient bien dans l'antre du « groupe » de Haï Bounab, ils nous ont fait sortir, Fatma et moi. A ce moment-là, un marchand de pain ambulant passait devant la maison. Les gendarmes lui ordonnèrent de s'arrêter et de nous prendre. Nous sommes montées avec lui, Fatma, moi et deux gendarmes. Les autres nous suivaient dans leurs voitures. En nous faisant monter dans la voiture, l'un d'eux trouva le moyen de plaisanter : « Passe devant. Comme ça, s'il y a une mine, elles sauteront avant nous. » Personne n'a ri, même pas ses collègues. Ils nous ont emmenées à la brigade de gendarmerie des Eucalyptus, dont dépend Haï Bounab. Nous avons attendu, là, toute la journée, sans savoir ce qu'il allait advenir de nous. C'est un officier supérieur, venu le soir de Blida, qui nous a interrogées.

Au poste de gendarmerie, j'ai repris un peu mes esprits. J'ai essayé de réfléchir. Je songeais à Ahmed et à ma famille, mes parents et mes neuf frères et sœurs que je risquais d'entraîner avec moi dans cette aventure. C'est ce que je devais éviter à tout prix. Alors, pensant qu'en me montrant agressive j'allais me charger moi-même, et dans l'espoir de faire perdre du temps aux gendarmes afin de permettre à Ahmed et ses amis de fuir loin, j'ai repris mon jeu du début. Je ne voulais pas non plus montrer aux gendarmes un quelconque signe de faiblesse. Ce qui sera payant puisque, tout le temps que j'ai passé chez eux, ils m'ont traitée avec respect et égards. Quand l'officier supérieur commença à m'interroger, j'ai, à nouveau, tout nié. Sauf une chose : que mon mari était bien terroriste, membre du GIA. Mais ça, il le savait déjà. Je ne lui ai pas raconté, en revanche, tout ce que j'avais moi-même fait pour le GIA et toute l'aide que je lui avais apportée. C'est seulement au bout de plusieurs heures d'interrogatoire que je lui ai tout avoué, allant jusqu'à endosser également la responsabilité de certains actes que je n'avais pas commis. Et puis, j'étais tellement fatiguée que je disais oui à tout ce qu'il me demandait. Je tenais par-dessus tout à ne pas impliquer les voisins, qui avaient pourtant fortement contribué à l'implantation et au développement du GIA dans notre hameau. Mais était-ce leur faute ? Une question de l'officier m'a heurtée : « As-tu déjà tué toi-même ? » Je ne m'y attendais pas. Pensait-il donc que les femmes de terroristes étaient elles-mêmes des assassins ? Remarquant ma surprise, il en déduisit lui-même la réponse. Il me demanda aussi si je savais manipuler les armes et quel genre d'armes utilisaient Ahmed et son groupe.

Évidemment, j'avais appris à charger et décharger une *mahchoucha*. Par curiosité, sans plus.

L'officier nous appelait à tour de rôle, Fatma et moi, dans son bureau pour nous questionner. Il a été constamment correct avec nous. Le reste du temps, nous restions dans la même pièce. Ce qui nous permettait de nous encourager l'une l'autre. D'ailleurs Fatma avait, enfin ! cessé de pleurer. Tard dans la nuit, nous avons été transférées à la brigade de gendarmerie de Baraki. Là, on nous a demandé d'enlever nos bijoux et, éventuellement, nos ceintures. Ils m'ont enlevé aussi mon *khimar*. Mais pas mes habits comme disait la rumeur du GIA, selon laquelle quand les gendarmes arrêtent une femme, ils la déshabillent totalement et la laissent nue. Ils ont désigné à Fatma un lit dans un bureau. A cause de sa fille, elle n'est pas allée en cellule. Moi, si. C'était une toute petite pièce, juste assez d'espace pour poser un matelas par terre. Elle était sans ouverture et sans lumière. Noire et sale. Ils m'ont apporté un matelas en mousse tout taché de sang. Du sang encore assez frais. Un haut-le-cœur m'a saisie, mais j'étais trop exténuée pour faire la fine bouche. J'ai enlevé mon *hidjab* et m'en suis servie comme drap. Puis je me suis allongée dessus. Les images que j'avais vues quelques instants plus tôt, en descendant aux W.-C., se déroulèrent devant mes yeux : dans une sorte de cave, des hommes nus, tout barbouillés de sang. Dans la pièce, exiguë, stagnaient des flaques d'eau sale. Je me suis demandé si je pourrais moi-même supporter une telle condition. J'ai préféré ne pas envisager la chose. J'ai effectivement eu de la chance. Je n'ai pas été torturée, pas même giflée.

J'ai passé trois nuits dans cette cellule. Sans manger.

Les gendarmes m'ont dit par la suite qu'ils m'avaient oubliée. Je ne les ai pas crus, ils voulaient plutôt me punir de leur avoir tenu tête tandis que Fatma, qui ne faisait que pleurer, a dû les émouvoir. Elle avait l'air de regretter ses actes. Pas moi. Et puis moi, j'étais la femme du chef, mon châtiment devait être plus fort que le sien. D'autant plus que, lorsque l'un des gendarmes m'a demandé si j'aimais toujours mon mari, je lui ai répondu avec une brutalité inouïe : « Bien sûr, tu ne voudrais pas que je t'aime, toi, des fois ? » Fatma, en revanche, a dormi dans un lit propre avec sa fille et a eu à manger à tous les repas. Quant à sa fille, elle a eu droit à du lait en poudre pour bébé que les gendarmes lui ont acheté. Elle a eu du savon aussi et de la lessive pour faire la toilette de sa fille et laver ses langes. Les gendarmes jouaient beaucoup avec la petite. Le seul problème est qu'il n'y avait pas d'eau chaude à la gendarmerie. Elle prenait du lait froid et en est tombée malade.

Le chef de la brigade de gendarmerie de Baraki était très gentil. Quand nous sommes arrivées au poste, il m'a demandé avec qui j'étais mariée. « Avec Chaabani », lui répondis-je. Il poussa un cri : « Ah ! Chaabani, sais-tu que ton mari est venu jusque chez moi, à Zeralda, pour me tuer ? » Puis il a ajouté en observant mon ventre : « Tu vois, moi, je suis âgé maintenant (il avait la quarantaine), je ne suis pas encore marié et je n'ai pas d'enfant. Mais toi, je ne te ferai pas de mal, je te laisserai accueillir ton enfant dans la joie. » Il réussit à nous mettre en confiance. Si bien que Fatma, tout comme moi, sommes devenues tellement familières avec lui que nous lui avons raconté tout ce que nous savions.

Le lendemain de ma détention, j'ai appris qu'un massacre avait eu lieu, dans la nuit, à Benramdane. Je l'ai su en écoutant, par la petite grille qui se trouvait sur la porte de ma cellule, les conversations qui me parvenaient du bureau du chef de brigade. J'ai entendu quelqu'un raconter à ce dernier, en pleurant, ce qui s'était passé. Huit membres de sa famille avaient été décapités par le GIA et leurs têtes, regroupées dans une brouette, déposées au milieu du hameau. En entendant cela, j'ai eu peur que les gendarmes ne cherchent à se venger sur moi. Je me suis mise à pleurer bruyamment. Un gendarme est venu. Il a crié comme un fou furieux : « Tu pleures maintenant ? Tu vois ce que font tes amis ? »

Le troisième jour, on nous a transférées au tribunal de Blida. Nous avons été reçues par un procureur qui se trouvait être un parent éloigné de mon père et avec lequel il avait un bon rapport. Il me connaissait très bien. J'avais passé mon enfance avec ses filles, à Cheraga, où il habitait aussi. Quand il m'a vue arriver, il a éclaté de rire : « Tu n'as pas trouvé meilleur mari que ce voyou ? » Puis il s'est fait rassurant : « N'aie pas peur, je m'occuperai de toi. » Nous sommes allées ensuite chez le juge d'instruction, qui nous a interrogées à son tour. Après avoir établi son procès-verbal, le juge nous a renvoyées à la brigade de gendarmerie des Eucalyptus. Là, le capitaine a convoqué mon père et lui a enjoint de nous emmener toutes les deux. Mais il a bien insisté sur une chose : « Ne les laisse surtout pas à Haï Bounab. Ta fille, éloigne-la. Qu'elle aille n'importe où ailleurs. Quant à Fatma, conduis-la à Bab Ezzouar, chez ses parents. » Le chef de brigade craignait – à juste titre du reste – que si nous restions dans notre hameau, nos maris ne viennent nous y chercher.

Pour toute sanction, nous avons été, Fatma et moi, placées sous contrôle judiciaire : nous devions pointer tous les mercredis à la brigade de gendarmerie.

Malgré le traitement clément qui nous avait été réservé, j'ai été très étonnée quand, le troisième jour, le chef de brigade nous a laissées partir. En agissant ainsi, il faisait preuve d'une grande naïveté. Il ne se doutait pas en effet que, dès le lendemain, nous irions rejoindre le GIA.

Dès que nous sortîmes de la brigade, mon père m'informa qu'il avait reçu, la veille, la visite d'une quarantaine de terroristes qui étaient toujours à la maison. Ils avaient appris par leurs informateurs que les gendarmes l'avaient convoqué, et ils savaient pourquoi. Ils étaient venus nous attendre pour nous emmener avec eux, et tenaient mes frères en otage. Mon père nous a quand même laissé le choix entre deux possibilités : partir ailleurs comme nous l'avait ordonné le chef de brigade et faire courir des risques à mes frères, ou bien rejoindre nos maris et leurs amis, et braver ainsi les ordres des gendarmes. J'ai dit à mon père que je me fiais à son jugement. En fait, je n'osais pas trop parler, pensant que je l'avais suffisamment humilié comme ça et que le mieux que j'avais à faire pour une fois était de me taire et de lui donner le sentiment qu'il avait un petit pouvoir. Après réflexion, il nous déclara sur un ton solennel : « Je ne vous emmène pas à la maison. Vous allez passer la nuit ailleurs, ça vous laissera le temps d'y voir plus clair vous-mêmes et demain vous déciderez où aller. » Il nous a conduites aux Eucalyptus, chez une dame très gentille, qui vivait seule avec sa fille, Taous. Elle nous a hébergées pour la nuit.

23

Le lendemain matin, mon père est arrivé très tôt. Il avait l'air fatigué de quelqu'un qui n'avait pas fermé l'œil de la nuit. Nous pensions – avec quelque regret il est vrai – que la peur des gendarmes l'inciterait à faire ce que lui avait ordonné le chef de brigade, c'est-à-dire conduire Fatma à Bab Ezzouar et moi quelque part chez une tante, ailleurs qu'à Haï Bounab. Nous avions toutes les deux envie de revoir nos maris. En cours de route, mon père m'a de nouveau questionnée : « Qu'as-tu décidé ? » C'est moi qui avais la responsabilité du choix, puisque, d'une part, le chef du groupe était mon mari, et, d'autre part, c'était la vie de mes frères qui était en danger. Sur le visage de mon père se lisait le désespoir et l'inquiétude. Il n'avait pris lui-même aucune décision, il en était incapable. Je ne l'avais jamais vu dans cet état. Pour cet homme qui n'avait à aucun moment de sa vie fait preuve de courage ni de détermination, c'était une tragédie. Il lui fallait choisir entre la colère des gendarmes ou celle des terroristes. Il n'a pas hésité longtemps, il a préféré affronter celle qui lui semblait la moins inhumaine, celle des gendarmes. Fatma, pour sa part, n'avait pas d'état d'âme. Ce qu'elle désirait le plus, c'était revoir son mari. Quant à moi, je dois avouer que mon hésitation a été de courte durée également. J'ai annoncé à mon père que, pour sauver la vie de mes frères, il valait mieux que j'aille retrouver Ahmed. L'idée de savoir mes frères pris en otage me terrifiait, mais l'envie de revoir Ahmed n'a pas été pour rien dans mon choix. Mon père a poussé un soupir de soulagement : « Les gendarmes me mettront en prison ou me battront, alors que les terroristes égorgeraient mes enfants et ma femme devant moi », nous a-t-il dit, comme pour se justifier.

Chez mes parents, les terroristes nous attendaient en effet. C'était un jour maudit. Ma mère m'apprit deux mauvaises nouvelles. La première était qu'un voisin que j'aimais beaucoup était mort par notre faute. Cela s'était passé le jour où les gendarmes nous avaient pris, quelques instants après notre départ de chez Khalti Zohra. Les terroristes étaient repassés dans sa maison et avaient placé une bombe dans la chambre, pensant que les gendarmes reviendraient pour une autre perquisition. Le destin a voulu que ce soit Hamid le rouquin, un voisin très gentil qui, croyant trouver de l'argent, était arrivé le premier pour le prendre. La bombe a explosé au moment où il ouvrait la porte. Sa femme l'a ramassé en morceaux, elle avait dû se faire aider par les voisines, les lambeaux de chair étant trop éparpillés. La deuxième nouvelle était que ce qui restait de ma maison avait été détruit dans cette explosion. Étant contiguë à celle de Khalti Zohra, la chambre contenant toutes mes affaires avait été ensevelie sous les décombres. Je me retrouvais du coup sans toit pour m'abriter, les « patriotes » ayant auparavant mis le feu à l'autre pièce. La femme de Hamid le rouquin et ses enfants vivent aujourd'hui dans la misère et sans domicile fixe. Quand, quelques mois plus tard, j'ai revu Ahmed, je lui ai demandé si c'était lui l'auteur de cet attentat, il m'a juré ses grands dieux que ce n'était pas lui. Il m'a même affirmé que c'étaient les « patriotes », au contraire, qui cherchaient à atteindre les terroristes. Comme toujours, je l'ai cru. Mais la femme de Hamid le rouquin était formelle : « C'est Ahmed, je le sais. Lui et ses amis sont les derniers à être passés par là. Les "patriotes" ne sont pas revenus après votre départ », m'a-t-elle juré. D'autres personnes m'ont confirmé ces propos.

Fatma et moi avons été accueillies comme des reines par les terroristes et par notre entourage. Comme le veut la tradition, les voisins m'ont rendu visite et m'ont félicitée de mon retour rapide chez les miens. La première question que m'a posée Ahmed a été de savoir si les gendarmes ne nous avaient pas violées. C'était tout ce qui l'intéressait. Il était fermement convaincu que cela s'était produit. J'ai eu beau lui répondre que non, il a continué à me harceler, utilisant toutes les ruses possibles pour me faire avouer. Puis il m'a promis que, si cela était arrivé, il ne m'en voudrait pas étant donné que nous aurions été forcées. Il a fallu que je m'énerve et me fâche de son manque de confiance pour qu'il fasse semblant de me croire... à moitié seulement. Il cessa un moment de me questionner. Puis il s'est levé et m'a dit que nous devions partir. J'ai refusé de le suivre, craignant pour mes parents qui étaient surveillés. Ahmed n'a jamais admis d'être contrarié. Il a très mal pris le fait que je refuse de le suivre sur-le-champ alors qu'il m'attendait depuis plusieurs jours. Il n'y avait qu'une explication, selon lui, à mon comportement : « Ah, j'ai compris, tu as été séduite par les *taghout*. Ils t'ont sûrement fait quelque chose, tu ne m'aimes plus. » Hors de lui et sûr de son idée, il chargea sa *mahchoucha* et la pointa sur ma tempe : « Si c'est cela, je te tue tout de suite. » Tremblant de peur, j'eus beaucoup de mal à lui faire comprendre que je ne pouvais rester indifférente à la menace qui pesait sur la vie de mon père et mes frères. Tout simplement. Il s'est calmé et a fini par me convaincre, en fin de compte, que mon père et de mes frères ne risquaient rien, qu'ils seraient protégés par le « groupe ». Nous avons donc quitté le domicile de mes parents au milieu de la nuit. Pour aller chez la mère de Méryem, à Haouch Dubonnet.

Cette femme, mère de cinq filles adultes et trois garçons adolescents, était très proche du GIA. Elle n'avait pas de fils terroriste mais elle les aidait beaucoup. En les nourrissant et en leur assurant un soutien logistique. Ce qu'elle faisait contre l'avis de son mari, qui n'osait évidemment rien dire. Les terroristes la surnommaient « El Fahla (la vaillante) de Larbaa », parce qu'elle était originaire de ce village. C'était une négresse doublée d'un authentique cordon bleu. Je me rappelle toujours un plat délicieux qu'elle avait confectionné le soir de notre arrivée, du lapin farci et rôti, c'était succulent. Elle avait un jardin potager qui lui donnait tous les légumes. Ses filles, pour leur part, étaient spécialistes en pâtisserie et confiserie. Le mari d'El Fahla était agriculteur dans une ferme voisine. Ils vivaient relativement bien.

Arrivée chez El Fahla, j'ai trouvé Fatma en train de discuter tranquillement avec elle. Celle-ci avait déjà préparé le dîner et les lits pour Fatma et moi et nos époux. Le militantisme d'El Fahla était sans réserve. Si bien qu'elle avait aménagé, sous les toits de sa maison, une mezzanine quasiment invisible, pour y cacher les terroristes en fuite. Il semble qu'elle avait déjà servi. Notamment une fois, selon la fille d'El Fahla, qui me raconta qu'un jour que deux terroristes étaient pourchassés par les tirs d'un hélicoptère, l'un d'eux avait été abattu à quelques mètres de la maison tandis que l'autre avait pu enjamber le mur du jardin et tomber sous une treille au milieu de leur cour. La fille d'El Fahla l'avait dissimulé dans la mezzanine. Selon ses dires, il était très beau. Il était blessé. Elle lui avait donné un chiffon et de l'huile d'olive pour se soigner. Puis elle avait attendu que l'hélicoptère s'en aille pour l'inviter à sortir. Entre eux, ça avait été immédiatement le coup de foudre. Quelques jours plus tard, il était revenu avec ses amis pour demander sa main à son père. Mais elle était déjà fiancée avec un homme de Larbaa et était sur le point de se marier. Elle pensait encore à lui et quand elle en parlait, c'était sur un ton plein d'admiration. Mais elle savait ce qu'elle voulait en tout cas car, malgré tout le soutien qu'elle apportait aux terroristes, il était hors de question pour elle d'en épouser un et de mener une vie misérable comme la mienne. Elle me dit : « Ton expérience me servira de leçon. » Son amoureux continuait à leur rendre visite de temps à autre. Il était devenu un ami de la famille.

Dès le premier jour, j'ai dit à mon mari que je ne voulais pas rester chez El Fahla. Nous étions trop nombreux dans cette petite maison : sa propre famille – composée de dix personnes –, Fatma et sa fille, nos deux époux, ainsi que tous les terroristes qui venaient manger quotidiennement chez elle. Lui, cela ne le gênait pas outre mesure. Ce qu'il voulait, c'était me laisser quelque part, n'importe où, là où lui serait à l'aise. Lorsqu'il est revenu, le lendemain soir, après m'avoir laissée chez El Fahla pour la nuit, je lui ai reposé le problème. Il m'a dit : « Je ne vois pas où tu pourrais aller. Le seul endroit serait chez la famille Ghali à Birtouta. » J'ai accepté avec joie cette proposition. Les Ghali m'avaient si gentiment reçue la première fois, et je m'étais sentie si bien dans cette grande demeure confortable que j'étais heureuse à l'idée d'y retourner. Avec l'espoir d'y rester le plus longtemps possible cette fois. El Fahla et son mari m'ont accompagnée jusqu'à Birtouta. Mais quelle ne fut pas ma surprise lorsque, sur le seuil de la porte, Mme Ghali m'a chassée comme une pestiférée. Ses fils et filles aussi. « Pas question que nous t'hébergions encore », me crièrent-ils à la figure. Leur maison avait totalement changé d'aspect. Les murs extérieurs étaient tout criblés d'impacts de balles. Quelques jours auparavant, il y avait eu un accrochage entre un groupe de terroristes qui se trouvaient chez eux et les forces de sécurité. L'un des fils Ghali, celui qui était agent de liaison du GIA, avait été embarqué par les gendarmes – l'autre, ils ne l'avaient pas eu. Ses parents ne savaient toujours pas où il était. Je me suis retrouvée à la porte. Mais, chose étrange, El Fahla et son mari refusaient désormais que je reparte avec eux. Que faire ? Franchement irritée, d'autant que je ne m'expliquais pas du tout leur attitude, je n'ai pas pris la peine de négocier. J'ai reluqué, à quelques mètres de là, un barrage militaire. J'ai carrément menacé El Fahla et son mari de les dénoncer s'ils persistaient dans ce comportement inattendu. Ils ont cédé.

Le soir, j'ai fait une scène à Ahmed : « Tu vois bien que nous sommes de trop ici. Débrouille-toi, il faut que tu me trouves une solution définitive maintenant », lui ai-je dit. Il était vraiment ennuyé, car il n'avait rien à me proposer. « Reste encore une nuit chez El Fahla, après on verra », me dit-il. Le lendemain soir, il m'a annoncé en effet qu'il avait réglé le problème et m'a demandé de préparer mes affaires pour partir. Je l'ai suivi sans savoir où nous allions, trop contente à l'idée que j'allais avoir un toit durable. Il pleuvait très fort ce soir-là. Dans ces endroits désolés, il n'y a ni éclairage ni bitume. Et à la première goutte de pluie, on patauge dans la gadoue jusqu'aux genoux. En outre, pour ne pas attirer l'attention, il valait mieux traverser les champs et prendre les sentiers les moins pratiqués. Ça tombait mal car je recommençais à perdre du sang et j'avais des douleurs atroces. J'avais tellement mal que j'étais persuadée que j'allais faire une fausse couche à chaque minute. Pour me soutenir, Ahmed me tenait la main. C'était insuffisant. Les crampes me déchiraient les entrailles, je frissonnais de froid et j'avais de grosses difficultés à marcher dans le noir et la boue. Il s'est rendu compte que nous n'irions pas loin à ce rythme. Il s'est décidé alors à me porter sur ses épaules. Lui-même marchait à l'aveuglette. Au bout d'un quart d'heure environ, pour reprendre son souffle, Ahmed m'a posée par terre. Comble de malheur, ne distinguant rien dans cette nuit noire, il m'avait posée dans un trou profond plein d'eau boueuse. J'étais trempée et mes vêtements sont devenus très lourds. Il fallait néanmoins reprendre notre route, qui me semblait interminable. Nous avons fini par arriver là où je pensais que serait ma maison. Déception. Encore une. C'était en fait chez Djouher, une parente d'Ahmed qui habitait avec sa mère à Haouch Dubonnet. Quand les deux femmes me virent dans cet état, elles fondirent en larmes. Elles me donnèrent des habits propres et secs et firent un feu pour me réchauffer. Djouher avait préparé le repas pour tout le « groupe », qui vint dîner et passer une partie de la soirée avant de repartir.

En sortant de chez Djouher, Ahmed et ses amis tombèrent, à quelques pâtés de maisons plus loin, sur une patrouille de gendarmes. Il s'en suivit un accrochage, au cours duquel Ahmed fut blessé au bras droit. Il m'avait dit en sortant : « Je reviendrai demain. » Je ne le reverrais que sept mois plus tard.

24

Le lendemain, Mohamed et deux autres amis d'Ahmed m'ont apporté un message de lui et m'ont annoncé en même temps qu'il était blessé et serait absent pour un mois. Je ne les ai crus qu'à moitié, je pensais qu'Ahmed était mort, en fait. Mohamed a compris mon angoisse, il m'a rassurée : « La preuve qu'il est en vie, c'est qu'il m'a chargé de te conduire chez tes parents si tu le désires. A moins que tu ne veuilles rester ici. » Je ne pouvais pas rester chez Djouher et sa mère. D'abord, elles habitaient une ancienne ferme froide et sans aucun confort, perdue dans les tréfonds de la campagne. Ici, toute communication avec l'extérieur relevait de la prouesse. Et puis, en venant chez Djouher, je lui avais causé un ennui dont je ne me doutais pas. Son mari avait en effet quitté la maison lorsqu'il avait su que j'allais rester quelques jours chez lui. Il savait que j'étais la femme d'un terroriste et ne voulait pas avoir affaire à eux. Djouher avait peur également, mais elle n'osait pas l'exprimer ouvertement. En me disant, le matin même : « Si des gens viennent, cache-toi sous le lit », elle avait renforcé ma détermination à ne pas rester chez elle. En entendant ces propos, je m'étais franchement sentie en prison.

Mohamed m'a donc accompagnée jusque chez mes parents. En me voyant entrer, ma mère a poussé un cri de surprise. Elle était sûre que j'étais morte le jour où j'étais partie de chez elle, au milieu de la nuit, avec Ahmed. Ce jour-là, elle avait perçu les cris de notre dispute. Puis nous étions sortis et, dès lors, elle n'avait plus entendu que les prières que les « frères » récitaient à haute voix tandis que nous nous éloignions de la maison. Ils répétaient sans discontinuer : *« Allah akbar, el hamdou lillah. »* (Dieu est grand, Dieu soit loué.) C'était leur façon de manifester leur joie et leur victoire sur l'ennemi, car les gendarmes nous avaient libérées, Fatma et moi. Mais ma mère avait tout simplement cru que mon mari m'avait tuée à la suite de notre querelle et que c'était la prière des morts qu'ils psalmodiaient. Aussi, lorsque je fis mon apparition chez elle, avec son esprit plutôt simple, ma mère m'a prise pour un fantôme. Il lui a fallu un long moment et moult explications de ma part pour qu'elle réalise que j'étais bien vivante. Par chance, mon père était à son travail. Je suis certaine qu'il ne m'aurait pas ouvert la porte. Ma mère m'a dit : « Tu peux rester ici à une condition : que tu ailles tout de suite pointer chez les gendarmes. » Elle m'a aidée également à trouver une excuse à leur présenter pour avoir manqué mon rendez-vous de la semaine précédente à la brigade. Sur-le-champ, je m'y suis rendue avec elle. Pour expliquer mon absence, je leur ai raconté que j'étais chez ma tante à Cheraga et qu'étant venue mercredi pour pointer, j'avais trouvé le quartier bouclé. Effectivement, c'était ce mercredi-là que la bombe qu'Ahmed avait laissée chez Khalti Zohra avait tué Hamid le rouquin et tout accès aux Eucalyptus était impossible.

Je suis restée deux jours chez ma mère, malgré la fureur de mon père, qui a boudé tout le temps que j'étais là. Puis, réflexion faite, j'ai estimé qu'il serait plus sage de quitter Haï Bounab. Ahmed pouvait revenir à tout instant et me reprendre avec lui. Or, j'étais épuisée et ma grossesse se compliquait. La perspective de revivre ce que j'avais vécu ces derniers temps me faisait horreur. Je n'aspirais qu'à un peu de calme et de repos. Ma mère m'a alors conseillé d'aller chez l'aînée de mes tantes à Cheraga. Elle avait toujours eu de l'affection pour moi, elle s'occuperait bien de moi. Ce que j'ai fait. Le mercredi suivant, quand je me suis présentée à la brigade pour pointer, j'ai appris que les gendarmes venaient d'arrêter mon père le matin même. C'est Fatma, qui avait été arrêtée deux jours plus tôt, à Haouch Dubonnet, qui l'avait dénoncé. Pour se disculper, elle l'avait accablé, l'accusant notamment de nous avoir conduites, le jour de notre libération, directement et sans nous consulter chez les terroristes. Les gendarmes l'avaient pris à son travail à la mairie. J'étais au poste lorsque ma mère fit irruption à la recherche de son mari.

Jamais je n'avais vu le chef de brigade des Eucalyptus dans une telle rage. Lorsque j'entrai dans son bureau pour pointer, il me jeta un regard assassin. Puis il laissa éclater sa colère. Lui qui n'avait jamais prononcé un mot déplacé devant moi, il me traita de tous les noms. Le visage congestionné à en perdre la respiration, il hurlait de toutes ses forces : « Tu as trahi ma confiance ! Tu vas me le payer ! Tu n'es qu'une vulgaire traînée qui ne se plaît qu'avec les sanguinaires du GIA. Tu m'as fait regretter de t'avoir bien traitée, mais il n'est pas trop tard. Je peux encore t'enfermer si je veux, tu sais ? » Je reconnais que peu de gens avaient eu droit au traitement de faveur qu'il m'avait accordé, et auquel j'étais loin de m'attendre. Ce que je savais aussi, c'est que les choses pouvaient toujours se renverser. Je me suis recroquevillée sur mon siège, les yeux baissés, je l'ai laissé donner libre cours à sa colère. Puis, une fois toute sa bile déversée sur moi, il se calma. En fait, je crois qu'il me considérait comme une victime qu'il fallait aider. « Je te donne encore une chance, me dit-il, mais c'est la dernière. Si tu me dis toute la vérité, je t'aiderai à te sortir de cette vie de chien que tu mènes. » Alors, je lui ai tout déballé, dans les moindres détails, depuis l'instant où nous avions quitté son bureau avec Fatma et mon père jusqu'à aujourd'hui. J'ai plaidé évidemment la cause de mon père, expliquant que ce dernier n'avait fait que céder devant la menace qui pesait sur la vie de ses fils et de sa femme. Mon père a été libéré après deux jours de détention. Il n'a pas été maltraité – il en était lui-même étonné. Les gendarmes l'ont seulement interrogé, pensant que, ayant des contacts avec Ahmed Chaabani et son « groupe », il pouvait leur être utile. Ils ont dû se rendre à l'évidence : mon père ne savait rien, il n'a jamais rien su. Il était tellement couard qu'il n'a jamais manifesté la moindre curiosité sur ce qui se passait dans notre hameau et, dès qu'un voisin abordait avec lui ce sujet, il l'arrêtait et s'éloignait, de peur d'être impliqué. Fatma a été libérée aussi ce jour-là. Cette fois, le chef de brigade a pris le soin de convoquer ses parents qui sont venus eux-mêmes la chercher pour l'emmener chez eux, à Bab Ezzouar. Elle devait pointer également tous les mercredis à la brigade de gendarmerie des Eucalyptus. Comme moi. J'ai avisé le capitaine que je quittais Haï Bounab et suis allée tranquillement chez ma tante à Cheraga.

A Cheraga, j'ai deux oncles et deux tantes paternels qui habitent dans des maisons mitoyennes. La plus jeune de mes tantes est divorcée depuis quinze ans et son fils en a seize. Il ne connaît pas son père. Elle est traumatisée par son divorce – chez nous, une femme divorcée est totalement dévalorisée et ses frères le lui ont suffisamment montré. Elle était convaincue que si je restais à Cheraga, je serais la cause d'un autre divorce, celui de mon autre tante, laquelle, sachant que je n'avais pas d'endroit sûr où aller, tenait à me garder malgré tout. Les craintes de ma jeune tante étaient justifiées. Le mari de l'autre, effrayé à l'idée d'avoir affaire aux gendarmes ou aux terroristes, voyait d'un très mauvais œil ma présence chez eux. Pour m'obliger à partir, ma tante divorcée m'a rendu la vie impossible. Elle y est parvenue. Un après-midi, ma mère est venue nous rendre visite et m'accompagner en même temps à la mairie afin de me faire établir ma première pièce d'identité. Je lui ai annoncé mon intention de repartir avec elle à Haï Bounab. « Mais chez qui ? », m'a-t-elle interrogée. Elle savait que mon père était toujours braqué contre moi. « Je veux aller chez Ali », lui ai-je répondu. Depuis qu'il avait dénoncé Ahmed et ses amis, Ali et sa famille logeaient chez les gendarmes, dans une pièce du bâtiment qui abrite la brigade. Par la suite, il intégrera le corps des « patriotes » et emménagera dans un hammam désaffecté des Eucalyptus. La pièce qu'il occupait était très petite et totalement insalubre.

C'est ainsi que j'ai passé, volontairement, deux nuits à la gendarmerie. Nous étions douze dans cette petite pièce dont le toit, troué, laissait passer la pluie. La famille était, de plus, mal équipée. En quittant précipitamment son ancienne maison, elle avait emporté très peu de choses. Ce sont les gendarmes qui leur ont donné quelques couvertures, bien insuffisantes en vérité pour tout ce monde. Ils m'ont reçue correctement, bien qu'ils fussent gênés d'avoir dénoncé mon mari. Je les ai rassurés : « Vous pouvez être tout à votre aise. Je me suis moi-même libérée de cette vie et je coopère sans regret avec les gendarmes », leur ai-je dit.

Une semaine plus tard, le juge m'a autorisée à retourner vivre dans ma maison – cela m'était interdit jusque-là. En échange, j'ai promis aux gendarmes de les aider à attraper Ahmed s'il venait chez moi. J'étais prête à tout pour retrouver mon domicile et n'être plus obligée d'errer et de quémander un toit. Mais c'était trop beau. Le malheur ne voulait pas me quitter. Alors que je m'apprêtais à retourner chez moi, Ali, qui était en relation constante avec les gendarmes, puisqu'il vivait chez eux, leur a révélé l'existence de la cache sous ma maison. Ce jour-là, j'ai encore eu droit à la colère du chef de brigade : « Encore une fois, tu m'as menti. Pourquoi ne m'as-tu pas dit qu'il y avait une cache chez toi ? » J'ai essayé de le convaincre que j'ignorais tout de cette cache, que mon mari avait dû la creuser en mon absence... Il a fait semblant de me croire. Mais il m'a avertie : « Puisque c'est ainsi, cette fois, ta maison tu peux faire une croix dessus. » Le problème que, pendant quelques heures, je croyais avoir résolu, s'est donc retrouvé posé : où aller ? Ne pouvant plus abuser de l'hospitalité d'Ali, j'ai dû me résoudre à retourner chez ma tante à Cheraga.

Il me fallait, de toute urgence, un endroit stable et des soins sérieux. J'étais de plus en plus malade et le risque de fausse couche se faisait de plus en plus menaçant. Malgré la vie sans perspective que je menais, je ne souhaitais pas perdre mon enfant. J'y tenais particulièrement. Peut-être parce que c'était tout ce que je possédais, qui était vraiment à moi. Comme je l'avais prévu, ma tante m'a soignée du mieux qu'elle a pu et, au bout de quelques jours, le risque d'une fausse couche s'est éloigné, mais je demeurais faible. Malheureusement, au bout de quinze jours, sa sœur est revenue à la charge et m'a demandé de quitter les lieux le plus tôt possible. J'en ai parlé à ma mère, laquelle, après avoir fait dans sa tête le tour de toutes les personnes susceptibles de m'accueillir – qui étaient de plus en plus rares, il fallait en convenir –, s'est rappelé deux vagues oncles maternels à elle qui habitaient à Sammar. Elle ne les voyait qu'à de très rares occasions, mais ils ont accepté, par peur je crois, de m'héberger durant quelques jours.

Je suis restée huit jours chez eux. Au milieu de la semaine, en allant pointer à la brigade de gendarmerie – c'étaient les seuls moments où je pouvais sortir seule –, j'ai fait un détour par Birtouta, chez la famille Ghali, pour m'enquérir de mon mari. Cela faisait trois mois que je ne l'avais pas vu et ses amis ne me donnaient plus la mensualité de trois mille dinars que je percevais avant. J'étais sans le sou, n'ayant même pas de quoi m'acheter des médicaments, alors que je n'étais pas rétablie complètement. Mohamed, par exemple, venait de temps en temps à Haï Bounab pour demander des nouvelles de sa femme, Fatma, mais à aucun moment il n'a pensé à me faire parvenir un centime par son intermédiaire, alors qu'au temps où j'étais leur cuisinière attitrée, ma solde tombait régulièrement. Ahmed me disait toujours que, s'il mourait, une mensualité continuerait à m'être attribuée, à moi et à mon fils. C'était faux. La famille Ghali m'a assuré que mon mari était seulement blessé et qu'on le soignait à Djouab, près de Médéa. J'étais heureuse à l'idée de le savoir en vie.

25

Chez les oncles de ma mère, j'ai rechuté. Ils habitaient un endroit rudimentaire, éloigné de tout et sans hygiène, ce qui a provoqué chez moi une infection. Cela laissait les oncles et leurs femmes complètement indifférents. J'avais beau passer toutes mes journées au lit, ils s'en moquaient, personne ne venait me demander ce que j'avais. Je me sentais de plus en plus mal et j'avais conscience que ce n'était pas dans cette maison que je serais soignée. Un soir, dès que l'un des oncles de ma mère est rentré, j'ai pris la résolution de lui parler. J'ai exigé qu'il me ramène sur-le-champ chez ma tante à Cheraga. Ce qu'il a fait sans discuter, trop content de se débarrasser de moi. De nouveau, ma tante s'est occupée de moi jusqu'à mon rétablissement complet. Le mercredi suivant, devant le chef de brigade des Eucalyptus, j'ai laissé libre cours à mon désespoir. « Je ne peux plus continuer ainsi, lui ai-je dit. Personne ne veut plus m'accueillir et je suis malade, j'ai besoin d'un endroit stable. Je veux retourner chez moi. » Il a accepté ma requête. Il m'a autorisée à retourner à Haï Bounab, mais pas dans ma maison. A cause de la cache, les gendarmes y avaient posé les scellés. Je suis allée chez ma mère où, malgré les récriminations de mon père, je suis restée un mois. Ma mère a terminé de me prendre en charge pendant ma convalescence.

Nous étions en juin et ma grossesse devait arriver à terme en août. La solution la plus sage était de finir la période qui me séparait de mon accouchement chez ma grand-mère à Zeralda, afin d'accoucher à l'hôpital de cette commune. Il me semblait que c'était le meilleur endroit pour mettre au monde mon enfant. Là-bas, je n'étais pas connue – ni par la population, ni par les gendarmes, ni par les agents de la mairie. Or, je tenais absolument à ce que mon fils soit inscrit régulièrement sur les registres de l'état civil. A la mairie des Eucalyptus, les agents risquaient de refuser de le faire, comme ils avaient déjà rejeté ma demande de carte d'identité. Le préposé au guichet m'avait alors renvoyée en me rappelant une triste réalité : « Nous te ferons des papiers le jour où ton mari cessera de brûler nos bureaux. » Il m'avait quand même donné un laissez-passer pour circuler. C'est le chef de brigade de la gendarmerie des Eucalyptus qui m'aidera plus tard à l'obtenir.

J'ai accouché en août, à l'hôpital de Zeralda. La même réflexion venait sur les lèvres des amis qui m'ont rendu visite : « On ne pensait pas que tu allais mettre au monde un être humain, mais un monstre. » D'autres se sont carrément étonnés de me voir encore en vie. Ils se sont rappelé comment j'avais été trimbalée d'un endroit à l'autre, toujours de nuit ou à l'aube, en plein hiver. Quant à ma mère, elle était persuadée que je ne garderais pas cet enfant ou bien qu'il ne serait pas normal. Le plus dur à supporter a été la douleur morale. Mon accouchement a été pour moi une épreuve supplémentaire. Jamais je ne m'étais sentie aussi seule et triste qu'en cet instant. Le premier jour, j'ai espéré que quelqu'un viendrait s'enquérir de ma santé. Personne. Sauf ma vieille grand-mère malade. Je regardais ce garçon que j'avais tant désiré et je lui en voulais au point de refuser de lui donner à téter alors que mes seins allaient exploser par l'excès de lait. Par moments, j'avais même envie de le frapper. Ma grand-mère m'a ramenée à la raison. « C'est ton fils, il a besoin de toi et il n'a que toi, m'a-t-elle dit. Il ne fallait pas le porter pendant neuf mois, si c'est pour le laisser mourir de faim aujourd'hui. »

Le médecin qui m'a prise en charge était une femme. Ni elle ni les infirmières n'ont ménagé leurs efforts pour me remettre sur pied. Sans que je leur dise quoi que ce soit, elles ont senti que j'étais un cas particulier, que je n'étais pas une patiente comme les autres. Elles ont remarqué surtout que – chose rare chez nous, pour une femme qui venait de mettre au monde son premier garçon –, j'étais livrée à moi-même. Elles m'ont prise en sympathie, pensant que j'étais une mère célibataire – ce sont les seules qui sont abandonnées de cette manière. Pour rendre ma solitude moins difficile à supporter, elles m'apportaient des cadeaux pour le bébé. Ma mère n'est venue que pour me faire sortir de l'hôpital, c'est-à-dire trois jours après mon accouchement. Ce soir-là, ma grand-mère nous a hébergés pour la nuit et le lendemain, nous sommes retournés à Haï Bounab. Ma mère n'avait pas de quoi payer un taxi, mon père ayant refusé de lui donner de l'argent pour subvenir aux besoins d'un « fils de terroriste ». Ça commençait bien ! Le bébé dans mes bras, les points de suture me tiraillant, j'ai pris, avec ma mère, le J5 Renault qui faisait office de transport de voyageurs. Mon père nous attendait sur le seuil de la porte : « Prends ton bébé et va-t'en », me lança-t-il à la figure en faisant barrage de son corps pour que je n'entre pas. Je n'avais pas la force de répondre, ni de rester debout. Je me suis assise sur une marche. Heureusement, ma mère était là. Quand elle veut, elle sait se faire obéir par son mari. Elle l'a empêché de me chasser dans l'état où j'étais. Mais il nous a mises en garde : « Il n'est pas question pour moi d'engager une quelconque dépense pour une quelconque fête. »

Ce sont, encore une fois, les voisins qui se sont occupés de moi. La première voisine qui m'ait rendu visite, une bonne amie à moi, a eu ces mots en observant mon fils : « J'espère qu'il ne sera pas un égorgeur comme son père. » Elle sera elle-même égorgée par Ahmed un mois plus tard. Elle avait un pressentiment. Toutes les voisines ont dit la même chose : « Souhaitons qu'il ne soit pas comme son père. » Mon père a fini par céder aux supplications de ma mère et j'ai pu vivre chez eux durant un autre mois. Jusqu'au jour où Ahmed est revenu pour préparer la mise à sac du hameau.

La veille de son retour, les gendarmes étaient aussi au rendez-vous chez nous, mais avec un jour d'avance. Leur informateur était bien renseigné, en fait c'est le « groupe » qui avait reculé sa venue d'un jour. Ils passèrent la nuit chez nous et mangèrent notre dîner. Ils arrivèrent vers vingt heures, nombreux, en trombe, poussant brutalement la porte. Ils effrayèrent toute la famille car, quelques minutes après leur arrivée, ils firent sortir mon père dans la cour, puis nous entendîmes des tirs. Pas de doute : c'était mon père qu'ils étaient en train de tuer, avons-nous pensé. Toute la famille se mit à hurler, les enfants criant : « On a tué papa... », maman se griffant les joues et se tapant les cuisses... En fait, les gendarmes avaient tiré en l'air. Peut-être simplement pour avertir de leur présence parmi nous. Puis, comprenant leur erreur, leur chef fit entrer mon père afin de nous le montrer bien vivant. Les gendarmes réalisèrent qu'en faisant tout ce tintamarre ils n'avaient aucune chance de voir arriver les terroristes – à moins que ce ne fût une tactique. Une heure plus tard, plusieurs d'entre eux quittèrent les lieux, afin de faire croire qu'il n'y avait plus de danger. Cinq autres restèrent, dont deux dans une chambre, à surveiller par la fenêtre, et les autres dehors. Ils nous conseillèrent d'allumer la télévision et de faire comme si de rien n'était, pour ne pas éveiller les soupçons des terroristes au cas où ils viendraient. Personne n'a fermé l'œil cette nuit-là. Chacun, pour une raison qui lui était propre, a fait le guet. Nous avions peur des deux parties. Mes petites sœurs pleuraient sans cesse dans leur coin, ma mère essayait d'encourager mon père qui tremblait de peur, mes frères me lançaient des regards noirs me rappelant que j'étais la source de tout ça, et moi, je priais intérieurement pour qu'Ahmed ne vienne pas. Je craignais pour sa vie, ensuite pour celle de ma famille et enfin pour la mienne. Personne n'osait imaginer le bain de sang qu'il ne manquerait pas d'y avoir si les deux groupes se retrouvaient face à face. Et nous au milieu. Dieu merci, il n'en fut rien. Le matin, les gendarmes sont repartis, bredouilles. C'est la seule fois où ils ont passé la nuit chez nous. Une autre fois, ils débarqueront à l'aube, pensant, encore une fois, trouver leurs ennemis chez nous. Ils étaient au nombre de neuf, ils attendront jusqu'à midi puis s'en iront. Leurs informations étaient erronées. Les terroristes et les gendarmes jouaient ainsi à cache-cache. Ils se rataient souvent. Ils se croisaient de temps en temps. Chaque partie avait ses espions, lesquels travaillaient parfois pour les deux camps.

27

Ainsi, après sept mois d'absence, Ahmed revint. Au milieu de la nuit comme il se devait. Dans le pays, les choses s'étaient envenimées et le GIA devenait de plus en plus sanguinaire, les massacres qu'il perpétrait laissaient tout le monde perplexe, personne ne comprenant pourquoi tant de cruauté. Aussi la venue d'Ahmed ne nous prédisait rien de bon. Il était avec trois autres terroristes. L'un est entré avec lui, les deux autres se sont postés à l'extérieur pour surveiller. Il a embrassé toute ma famille, sauf moi bien sûr – cela ne se fait pas, chez nous, qu'un mari embrasse sa femme devant ses parents. Il avait tellement changé que, d'abord, je l'ai confondu avec une autre personne. La barbe lui arrivait jusqu'à la poitrine. C'était la première fois que je le voyais avec une barbe – il avait horreur de ça auparavant et, même la moustache, il ne la supportait que très finement taillée. Il portait un chèche noir, un costume afghan tellement sale que je n'ai pu en deviner la couleur, et une veste marron – aussi sale – pardessus. Je ne me suis pas rendu compte au début qu'il avait le bras blessé. Quand il a ôté sa veste, j'ai remarqué qu'il portait, en bandoulière, une cartouchière croisée en cuir, bien garnie, et que son bras était bandé. Il pouvait le bouger lentement, mais pas l'utiliser pour travailler normalement. Une ambiance pesante s'est abattue sur la maison. Nous nous attendions tous à une annonce fracassante ou à une quelconque instruction insensée. Nous savions tous qu'il n'était pas venu pour rien.

Puis, pour une fois, mon père fit preuve de courage devant lui. Il l'accabla de reproches : « Comment peux-tu rester sept mois sans donner de tes nouvelles à ta femme, alors que tu l'as laissée enceinte ? » Il lui raconta également que j'avais été très malade et que c'était un miracle si j'avais pu mettre mon enfant au monde sans trop de problèmes. Ahmed se taisait. Il n'avait rien à répondre. Au bout d'un moment, nous nous sommes retirés, lui et moi, dans une chambre. Là, il m'a déclaré sur un ton où perçait une note d'impuissance : « Je ne t'ai pas oubliée, je t'ai envoyé un message par mon oncle, dans lequel je t'informais de mon très mauvais état de santé et t'avertissais que j'allais revenir dès que possible ». Son oncle ne m'avait rien transmis. Sachant que je pointais régulièrement chez les gendarmes, il avait eu peur sans doute que je les en informe et qu'ils viennent l'interroger pour savoir où et quand il avait rencontré son neveu. Je lui ai fait part de mon incompréhension devant le fait que, durant toute la période où il était absent, je n'avais pas reçu un centime du GIA. Il était gêné. Il m'a donné cinq mille dinars, « pour le gosse », et m'a avoué alors qu'il ne pouvait pas m'en donner plus car la population avait cessé de les soutenir. En un mot, le racket ne marchait plus et les généreux donateurs qui semblaient convaincus de la cause se faisaient de plus en plus rares. Je lui ai rappelé enfin l'ingratitude de ses amis qui ne s'étaient plus souciés de moi alors qu'ils venaient manger tous les jours chez moi et que c'était en partie à cause d'eux que j'avais perdu ma santé. J'avais attendu effectivement, après mon accouchement notamment, qu'ils viennent au moins s'enquérir de la santé du bébé. En vain. Ahmed ne voulait pas admettre les torts de ses amis. Il a trouvé le moyen de les justifier : « Ils sont moins libres de leurs déplacements qu'avant. Maintenant, ils sont traqués par les forces de sécurité et par la population. Quant à leurs finances, elles se réduisent de jour en jour. Ils ont des difficultés à se nourrir eux-mêmes. Ils se contentent, tous les jours, dans les grottes qui leur servent de refuge, de diluer un peu de *rouina*[1] dans de l'eau. » Il était réellement malheureux en relatant les déboires de ses amis.

Quand j'ai remarqué à quel point il souffrait, je lui ai souhaité la mort. Afin qu'il atteigne – enfin ! – la sérénité. Depuis sa plus tendre enfance, il avait rarement connu le bonheur. Je le regardais et je m'en voulais à moi-même d'avoir épousé un homme qui n'avait pas été capable de m'offrir la paix et la protection que je cherchais. Je n'avais jamais été tranquille avec lui. Il y a toujours eu des cris et des larmes entre nous. J'enviais les femmes qui étaient dans leurs foyers, sans problème. Mais quand je le voyais dans cet état de saleté et de déchéance, il me faisait de la peine. Je l'ai supplié de se livrer aux autorités. Il m'a répondu : « Je ne me rendrai qu'à Dieu. » J'ai compris qu'il ne cherchait pas la clémence des humains mais la mort. Il savait que le chemin qu'il avait choisi ne le mènerait

1. Farine de blé grillé.

nulle part. Il regrettait amèrement. Il s'est laissé aller à m'avouer : « J'aurais aimé vivre avec ma femme et mon fils, mais c'est trop tard pour moi. » Il était d'autant plus malheureux qu'il n'était plus le maître du hameau comme avant. Sans argent et sans soutien de la population, il n'avait plus où m'emmener. Il était obligé de m'abandonner à mon sort. C'était, pour un fanfaron comme lui, la pire des humiliations. C'était un grand déshonneur.

Puis il s'est ressaisi, il a repris ses airs arrogants d'antan. En dépit de son état plutôt faible, il continuait à être exigeant. Il a rejeté le repas que ma mère lui a présenté. Ce n'était pas à son goût. Ma mère avait préparé un ragoût de potiron avec des pommes de terre. Il a même trouvé le moyen de s'en moquer. Je lui ai rappelé que c'était à cause de lui que mon père avait été renvoyé de son travail et que, pour notre part, nous étions heureux d'avoir du potiron ce jour-là parce qu'il y avait des jours où nous n'avions que du pain et de l'eau. Il est allé à la cuisine pour faire du café, il tenait à le préparer lui-même. Il refusait de manger ou de boire tout ce que nous lui donnions. En vérité, il se méfiait de nous. Il craignait qu'on lui mette un somnifère dans la nourriture et qu'on appelle les gendarmes. J'ai deviné ses sentiments : « Tu es revenu aujourd'hui pour me faire pleurer », lui ai-je dit sans pouvoir refouler mes larmes. « De toute façon, tu m'accueilles toujours avec des pleurs », m'a-t-il rétorqué, agacé. Il n'y avait plus aucune confiance entre nous. Il avait totalement changé. Et moi aussi.

Quand nous nous sommes mis au lit, il a essayé de m'approcher, je l'ai repoussé. J'avais la hantise d'une nouvelle grossesse. Il se mit à vociférer jusqu'à se faire entendre de toute la maisonnée : « Tu as quelqu'un d'autre, dis ? C'est sûrement un gendarme. Depuis que tu les fréquentes, tu as totalement changé ! » J'ai eu beaucoup de peine à le convaincre que mon souci était ailleurs. Il a fini par se calmer. Quant aux enfants, « je souhaite en avoir dix ou onze, qui seront tous terroristes comme moi ». Sa réflexion a fait tilt dans ma tête : pour lui, terroriste, c'était donc un métier qui allait se perpétuer. Juste à cet instant, notre fils, qui dormait avec nous, s'est réveillé en pleurant. Je me suis retournée vers lui pour lui donner le sein. Ahmed a poussé un cri qui m'a fait peur : « Comment oses-tu me laisser tomber pour t'occuper de ton fils ? Pourquoi ne l'as-tu pas donné à ta mère pour cette nuit ? » J'ai pensé intérieurement : « Voilà donc l'homme qui m'affirmait, quelques minutes plus tôt, vouloir une douzaine d'enfants. Il est incapable d'en supporter un seul. » Je crois en effet qu'il se serait passé de voir son fils. Pourtant, quand je l'avais mis dans ses bras, à son arrivée, il n'avait pu cacher son émotion et avait même pleuré. Moi aussi d'ailleurs, mais pour une autre raison, parce que j'avais vu, au moment où Ahmed s'était penché sur son fils pour l'embrasser, des poux tomber de sa barbe.

Vis-à-vis de moi également, je l'ai senti transformé. Auparavant, lorsqu'il s'absentait deux ou trois jours seulement, il revenait vers moi beaucoup plus empressé. Cette fois, il y avait moins d'ardeur dans son approche. Il avait dû se remarier ailleurs, dans la montagne. Ou alors il avait des rapports sexuels avec d'autres femmes. Ces femmes qu'ils prennent en otage probablement – la pratique en est devenue courante maintenant. A l'époque où je m'étais mariée avec lui, les terroristes ne faisaient pas ça et même quand il leur arrivait de prendre des filles de force, c'était pour les épouser, fût-ce contre leur gré, mais ils ne les tuaient pas après les avoir violées. A Haouch Morseli, par exemple, je sais qu'ils ont pris plusieurs filles. Dans les villages autour de Blida surtout. Je crois que s'il avait tenu à moi comme avant, il aurait tout fait pour me garder auprès de lui. Malgré tout, j'étais toujours prête à le suivre, y compris dans la montagne. J'aurais pu laisser mon fils chez ma mère et partir avec lui.

Ahmed n'était pas revenu après une si longue absence uniquement pour me voir et embrasser son fils. Il devait, essentiellement, régler quelques problèmes dans le hameau. Notamment préparer l'assassinat des cinq jeunes filles et rechercher les gens qui avaient dénoncé ses amis car, après son départ, suite à une dénonciation, quatre membres du GIA avaient été tués à Haï Bounab tandis que trois autres avaient pu prendre la fuite. Le mouchard était un repenti. Mon mari voulait également s'enquérir de l'état de mobilisation de leurs réseaux habituels de soutien logistique. Certains anciens fidèles avaient cessé leur aide matérielle et la collecte de fonds devenait de plus en plus difficile. Il m'a demandé aussi de lui raconter si, en son absence, quelqu'un m'avait fait du mal. Il était prêt à l'exécuter immédiatement. Je ne lui ai rien dit parce que la première personne qui m'a fait du mal, après son départ, a été mon père qui ne voulait pas que je reste chez lui et m'a obligée à quémander un abri à des gens que je connaissais parfois à peine. Quelques voisins aussi, mais si je l'avais monté contre eux, il les aurait tués tous sur-le-champ. Et puis, après tout, les gens n'étaient pas obligés de s'occuper de moi. D'autant plus que beaucoup d'entre eux n'avaient fait que se venger de toutes les exactions que mon mari leur avait fait subir.

Ahmed a donc constaté de lui-même que la situation dans le hameau n'était plus la même, que leurs partisans d'avant avaient changé de camp. Depuis qu'il était monté au maquis, aucun terroriste ne s'était montré à Haï Bounab, la population dénonçant systématiquement tout individu inconnu ou suspect. Il en a conclu qu'il fallait un grand nettoyage. Mais avant cela, il fallait à tout prix m'éloigner de là. Quand il a demandé à mon père de me trouver un autre endroit loin de Haï Bounab, j'ai deviné qu'il se promettait de commettre quelques crimes et qu'il craignait que les voisins ne se vengent sur moi. Mais je n'osai le questionner sur son funeste dessein. Ce jour-là, j'ai mesuré jusqu'à quel point Ahmed avait perdu toute retenue. Il était devenu capable de tout, prêt à aller sans réfléchir au-devant de n'importe quel danger, pour en finir. Il ne voulait pas l'avouer, mais il en avait marre de cette vie. Il était pressé de mourir, mais il voulait que ce soit les armes à la main, pour aller au paradis. Surtout depuis qu'il avait été blessé au bras et qu'il était rongé par l'infection. Pendant sept mois, il n'avait eu sur sa plaie, sous le bandage, que du ruban adhésif en plastique. Il m'a affirmé qu'il avait été soigné dans l'hôpital du GIA, à Djouab, près de Médéa. Ils appellent ça hôpital, mais moi, je crois que c'est seulement un infirmier qui les soigne.

Après cette nuit plutôt mouvementée, il s'en est allé, à l'aube. Il n'a pas manqué de me faire les recommandations d'usage : « Surtout ne dévie pas du droit chemin et ne me trahis pas. Ne deviens pas une apostate. »

A la première heure, ma mère est allée avertir les gendarmes du retour d'Ahmed. Ces derniers ont eu la même réaction que lui et ont conseillé à ma mère de m'éloigner du hameau. Ils craignaient, pour leur part, que les terroristes ne viennent me reprendre de force pour que je devienne à nouveau leur cuisinière, comme avant.

Je ne devais plus jamais revoir Ahmed.

27

Quant à moi, je me retrouvais au point de départ, contente tout de même d'avoir obtenu l'autorisation d'aller où je voulais de la part des deux parties qui dominaient désormais ma vie, les gendarmes et mon mari. Je me sentais un peu plus libre. En effet, les gendarmes venaient de lever l'obligation qui m'était faite de pointer chaque semaine chez eux. Mon amie Fatma continuera à pointer même après la mort de son mari. Mais ma liberté avait un goût amer. Libre de faire quoi ? D'aller où ? Je n'avais pas de réponse à ces questions. Ou plutôt, si : j'étais libre d'aller à la recherche, encore une fois, d'une âme charitable qui voudrait bien m'offrir le gîte.

Ma mère a accepté, encore une fois, de me guider dans ces recherches de plus en plus épuisantes. A deux, on supporte mieux l'humiliation. Elle est allée supplier l'une de ses sœurs, qui habitait à Zeralda, avec ma grand-mère, de me prendre chez elle. Après tout, m'a-t-elle dit, « la maison où vit ma sœur appartient à mon père, j'y ai donc droit aussi ». Ma tante ne l'entendait pas de cette oreille, elle a refusé catégoriquement de nous écouter. Sa seule réponse fut : « J'ai huit filles, je ne voudrais pas qu'elles mènent la même vie que toi. » Elle avait peur que, prenant prétexte de ma présence ici, des amis de mon mari ne viennent chez elle et lui prennent ses filles. Elle ne nous a même pas permis de dormir chez elle une seule nuit, alors qu'il était déjà tard pour retourner à Haï Bounab. C'est mon oncle (son frère), qui habitait à côté, qui nous a hébergées cette nuit-là. A une condition : à six heures du matin, nous devions nous réveiller pour quitter sa maison. Cette nuit-là, je n'ai fait que pleurer. Si bien que le matin, j'avais comme un voile devant les yeux. Personne ne s'est apitoyé sur mon sort pour autant.

Mon univers venait de se rétrécir encore un peu, comme à chaque fois que quelqu'un rejetait mes supplications. Peut-être mon oncle paternel de Cheraga serait-il plus indulgent, bien qu'il ait été insensible à ma douleur la dernière fois ? La tentative que j'ai refaite auprès de lui cette fois-ci a porté ses fruits. Mais « pour trois jours, pas plus », car j'avais commis une erreur : pensant la rassurer, j'avais dit à sa femme que, dès que possible, Ahmed viendrait me chercher. Mais elle, elle n'a eu à l'esprit que la perspective de voir débarquer chez elle un groupe de terroristes armés. « Pourquoi ne m'as-tu pas dit ça dès le début ? Tu n'aurais jamais mis les pieds dans cette maison », a-t-elle hurlé. Heureusement, mon oncle avait promis à ma mère de me garder trois jours. Mon répit dura donc ce laps de temps.

Et après ? Cela faisait de nombreux mois que mes parents me suivaient dans mon errance. Ils n'en pouvaient plus. Mais ils n'avaient pas le cœur à me laisser tomber. Nous avions fait la tournée de toutes les personnes que nous connaissions. En vain. Il me restait une seule possibilité : vivre dans les rues ou me suicider. Mon père conservait, malgré tout, encore un peu d'affection pour moi. Il se résolut à faire un dernier geste : louer, pour mon fils et moi – et lui-même car il n'avait pas le courage de me laisser seule avec mon bébé –, et pour vingt mille dinars l'année, un gourbi à Oued Béni Messous [1]. Il a sorti ainsi les derniers sous qu'il avait sur son livret d'épargne et auxquels il ne voulait pas toucher. Il a dû, de plus, abandonner sa femme et ses enfants qui, eux, sont restés à Haï Bounab.

Notre gourbi, c'était une pièce en parpaings et en ciment qui n'avait que des murs. Il était perdu dans la forêt avec, en guise de portes et fenêtres, des trous. Pis, il n'avait pas de toit. Pour boucher toutes ces ouvertures, nous avons récupéré quelques plaques de tôle ondulée que mon père avait achetées pour agrandir notre maison de Haï Bounab. Bien entendu, il n'y avait ni eau ni électricité. Les habitants de la ferme voisine nous ont permis de brancher un fil sur leur installation, elle-même anarchique. Quant à l'eau, mon père allait la prendre dans un puits, un peu plus loin. Dans cet endroit désert, le seul moyen de passer le temps était de m'occuper de mon fils. Quand celui-ci dormait, je faisais du crochet ou de la tapisserie avec des vieux morceaux de tissu que j'avais apportés de chez ma mère. Mon père tournait en rond. Ou bien il allait au village. Ou encore il allait rendre visite à ses enfants. Au bout de quelques jours, ma mère nous a envoyé

1. Oued Béni Messous : petit hameau isolé, à une vingtaine de kilomètres à l'ouest d'Alger, théâtre de plusieurs massacres importants pendant l'été 1997.

son téléviseur. Quel divertissement ! Le temps passait un peu moins lentement, comme ça.

Le plus dur à supporter était de voir mon père sombrer, de jour en jour, dans le désespoir. Loin de sa femme, il était perdu. Sa détresse était lisible sur son visage. Quand il avait des crises de cafard, il s'en prenait à moi. Plus les jours passaient, plus les scènes qu'il me faisait devenaient fréquentes et violentes. Il me reprochait d'être responsable de la situation dans laquelle il se trouvait. « Tu t'es mariée parce que tu l'as voulu et contre mon avis, mais c'est moi qui supporte tes problèmes aujourd'hui », me répétait-il sans cesse. Parfois, il allait plus loin : « Puisque vous aimez le *djihad*, pourquoi ne suis-tu pas ton mari ? Crevez tous les deux pour qu'enfin, moi, je puisse vivre en paix. »

Au début, il se contentait de rouspéter. Parfois il levait la voix. Il me menaçait du poing. Il lui est même arrivé de brandir sur moi un couteau... Mais sans jamais aller jusqu'au bout de son geste. Puis, un jour, il explosa. Je l'avais provoqué en répondant à ses récriminations au lieu de me taire comme d'habitude – moi aussi j'étais excédée. Alors, pour la première fois depuis que j'avais cessé d'être une enfant, il m'a frappée. Sauvagement. Avec une brutalité que je ne lui soupçonnais pas. Puis il est sorti. Dès que je me suis retrouvée seule, j'ai essuyé mes larmes, puis j'ai commencé à réfléchir : si, ce jour-là, il m'avait frappée de cette manière, la prochaine fois, il me tuerait sûrement. Je l'en croyais capable. Le mieux, c'était encore de le quitter avant qu'il ne soit trop tard. J'ai pris mon fils dans mes bras et j'ai quitté la maison, pensant que mon père était parti au village. Sans argent et sans but, mais déterminée à ne plus rester avec lui. Dans cette forêt dense, je ne savais même pas quel chemin prendre pour aboutir à la route. J'ai couru sans être sûre que j'allais dans le bon sens. J'ai laissé mon instinct me guider et, effectivement, j'avais presque atteint la route. J'ai aperçu une ferme. Ouf ! il y avait des humains dans les environs. Je m'y suis arrêtée pour demander où se trouvait l'arrêt de l'autocar.

Dans ces endroits isolés où l'on voit rarement quelqu'un, les gens sont à demi sauvages. Toute présence inhabituelle les inquiète. En me voyant courir, mon bébé dans les bras, ils ont eu peur et se sont mis à me pourchasser comme un chien galeux. Mon père se trouvait dans une ferme voisine, à une centaine de mètres de là. Il en connaissait les propriétaires, avec lesquels il avait travaillé quelques années auparavant, et qui avaient l'habitude de lui donner des légumes et des fruits. De loin, il a remarqué la scène et, sans forcément distinguer mon visage à cette distance, il a deviné qu'une femme qui courait avec un enfant dans les bras, poursuivie par des gens, cela ne pouvait être que moi. Il a sifflé dans ma direction pour que je fasse demi-tour. J'ai fait comme si je ne l'entendais pas. Alors il s'est mis à courir de toutes ses forces.

Il m'a rattrapée sur la route. Il m'a enlevé mon *khimar*, m'a attrapée par les cheveux et m'a poussée en direction de la maison en me donnant des coups de pieds. Puis il m'a arraché mon fils des bras et l'a jeté dans les ronces : « Tu retournes chez les terroristes, hein ! Ils t'ont donné rendez-vous ? », criait-il de rage. J'ai essayé de lui expliquer, tout en pleurant, que si je partais c'était simplement pour lui permettre de retrouver une vie normale. Il ne m'écoutait pas. Sur tout mon corps, et sur mon visage, les coups pleuvaient sans discontinuer. Je ne sentais plus rien. J'étais ankylosée, sur le point de m'évanouir. Les occupants de la ferme, qui me pourchassaient quelques instants plus tôt, ont compati à ma douleur et ont tenté de s'interposer. Sans succès. Mon père m'a ramenée à notre gourbi, toujours en me tirant par les cheveux. Arrivé là, il se saisit d'un gros bâton qui traînait dehors et me roua de coups avec. Mon dos était en sang. Je ne réagissais plus et ne cherchais même plus à me protéger. Alors, je me suis allongée par terre et me suis laissée faire. Je voulais lui faciliter la tâche afin qu'il m'achève, et qu'on en finisse ! J'attendais la mort, convaincue qu'il ne s'arrêterait pas avant.

Mais la mort n'est pas venue. Une fois ses nerfs passés sur moi, il s'est affalé par terre comme un sac de sable et a éclaté en sanglots. « Pour toi, j'ai quitté ma maison et mes enfants, je suis rejeté et ridiculisé par tout le monde et toi, tu oses partir et me laisser seul », m'a-t-il dit. Il a pleuré à gros sanglots, pendant un long moment. Puis il s'est tu. Au milieu des spasmes qui continuaient de lui couper le souffle, il m'a fait jurer que je n'avais pas l'intention d'aller rejoindre les terroristes. Les mots sortaient de sa bouche avec peine. Toute la tristesse du monde se lisait sur son visage. Quand je l'ai vu comme ça, j'ai senti comme un étau m'étreindre la poitrine et des boules me nouer la gorge. Plus que les coups, sa douleur m'a fait horriblement mal. Je le voyais si malheureux que je me suis jetée à ses pieds pour lui demander pardon. Cela s'est passé le 23 novembre 1996. Deux jours après, je ne pouvais plus quitter le lit. Je vomissais, j'avais de la fièvre et des douleurs partout, surtout au ventre. Mon père culpabilisait à mort. Il croyait m'avoir cassé des côtes. Il est allé chercher le voisin de la ferme, qui possédait une fourgonnette, et m'a transportée à l'hôpital de Béni Messous. En fait, en plus des coups, mon infection, mal soignée, reprenait.

Pour couronner le tout, à l'hôpital, le médecin qui m'a auscultée m'a donné une frayeur épouvantable en m'affirmant que, d'après les symptômes que je présentais, j'étais enceinte. Là, je ne me suis plus retenue. J'ai commencé à hurler : « Ce n'est pas le moment d'avoir un autre enfant. Faites ce que vous voulez mais je n'en veux pas ! » Aussi, quelle ne fut pas ma joie lorsque j'ai appris, quelques jours plus tard, que le test de grossesse s'était révélé négatif. Mais mon état de santé était tel que les médecins m'ont gardée treize jours à l'hôpital. Le professeur Bouras, chef du service gynécologie, m'a si bien traitée que je lui ai raconté toute ma vie, dans les détails. Il a remarqué qu'au début j'avais un peu peur, il m'a rassurée : « Ne t'inquiète pas. Nous sommes ici pour soigner les gens, nous ne sommes pas des monstres comme les amis de ton mari. » Je n'avais pas d'argent, il m'exempta de certains frais. C'est lui qui m'a apporté de l'extérieur les médicaments qui manquaient à l'hôpital. Il s'est même occupé de mon fils. Ce dernier était resté chez ma mère mais, à boire le lait ordinaire qu'elle lui donnait – elle n'avait pas les moyens de lui acheter du lait pour bébé –, il était tombé malade au bout d'une semaine. Ne sachant pas quoi en faire, elle me l'a amené à l'hôpital. Le professeur Bouras ne m'a autorisée à sortir que quand j'ai été complètement guérie et mon fils également rétabli.

Quelques jours après ma sortie de l'hôpital, cinq

jeunes filles ont été assassinées à Haï Bounab. Tout le monde a deviné que c'était un coup d'Ahmed et ses amis. Le matin même, craignant une vengeance de la part des familles de ces jeunes filles, ou bien des « patriotes », ma mère est venue, avec tous mes frères et sœurs, nous rejoindre dans notre gourbi à Oued Béni Messous. Entassés là-dedans, nous avons terminé tant bien que mal l'année à laquelle nous donnait droit notre bail. En juin 1997, deux jours après les élections législatives, nous avons fait une tentative pour retourner chez nous. Mon père a loué un camion, nous y avons entassé nos affaires, nous avons même enlevé les plaques de tôle ondulée que nous avions utilisées pour boucher les ouvertures du gourbi de Oued Béni Messous. Toute la famille était heureuse de revenir enfin chez elle. Hélas ! En arrivant à Haï Bounab, nous avons vu nos voisins organiser une manifestation pour nous empêcher de nous réinstaller dans notre maison. Ils avaient tous des armes et les brandissaient contre nous. Ensuite, ils sont allés en procession dire aux gendarmes qu'ils ne nous désiraient plus parmi eux. « Si nous les laissons revenir, les terroristes feront de même », ont-ils dit. Ainsi, malgré l'autorisation des gendarmes – que mon père avait pris soin de demander auparavant –, nous n'avons pas pu réintégrer notre maison. Les voisins menaçaient même de brûler notre camion et de nous lyncher si nous ne faisions pas demi-tour tout de suite. Devant tant de hargne, j'étais écœurée. J'avais envie de me lever et de rappeler à tous ceux qui pointaient leurs armes contre une pauvre famille – la seule désarmée parmi eux – combien ils avaient la mémoire courte. Avaient-ils donc si vite oublié tout le soutien qu'ils avaient eux-mêmes apporté aux terroristes ? Mais je ne voulais pas les braquer encore plus. J'ai ravalé mes mots.

Nous sommes donc revenus, avec nos affaires et nos plaques de tôle ondulée, sur nos pas. Heureusement, notre bail de location courait encore sur deux mois. Nous avons rebouché les trous du gourbi. La voisine de la ferme, nous voyant ainsi à la tombée de la nuit, a eu pitié de nous et a proposé de nous héberger. Ce soir-là, mon père a encore vidé sa colère sur moi. C'était devenu rituel et je m'y étais habituée. Depuis qu'il avait levé la main sur moi la première fois, il s'était mis à me frapper quasi quotidiennement. Cette fois, un de mes frères l'a aidé. Tous mes frères et sœurs ont approuvé. Ils étaient si déçus de ne pas avoir pu retourner chez eux qu'ils m'ont fait payer cher cette déception. Je n'oublierai jamais les coups que j'ai reçus.

28

Les habitants de Haï Bounab ont tous soutenu les terroristes. C'est avec plaisir qu'ils voyaient les gendarmes et les « patriotes » se faire tuer. Ils considéraient tous ceux qui étaient plus ou moins proches de l'État comme riches et puissants. Mais depuis que le GIA massacre les civils, y compris des gens qui n'ont rien à voir avec l'État ni le gouvernement, et surtout depuis qu'il s'est mis à tuer des familles entières sans distinction, la sympathie que la population éprouvait pour eux s'est transformée en horreur. En vérité, c'est lorsque la population a réalisé que nul n'était à l'abri de leur folie meurtrière qu'elle s'est ressaisie et a changé de camp. A Haï Bounab, comme ailleurs, la mobilisation contre le GIA a été aussi brutale qu'elle l'avait été en sa faveur. Plus encore, puisque les jeunes qui ont suivi le GIA sont beaucoup moins nombreux que ceux qui ont pris les armes contre lui aujourd'hui. Il n'y a pas une maison dans le hameau qui ne détienne une arme. Les villageois ont changé de camp le jour où les cinq jeunes filles ont été décapitées. Ils ont compris alors que cela pouvait leur arriver aussi. D'autant plus que, une semaine auparavant, on avait trouvé dans une maison qui avait été occupée par les terroristes une liste de gens à abattre. Dans cette liste, il y avait presque la moitié des habitants du hameau, tous ceux dont le soutien au GIA se faisait plus lâche. C'est après cette découverte que les gendarmes ont proposé des armes aux gens, les mettant en garde contre un massacre programmé. Mais les voisins avaient cru à un piège. « Avec tout ce que nous avons fait pour eux, ils ne nous toucheront pas », disaient-ils, sûrs d'eux.

Les cinq jeunes filles ont été décapitées et leurs têtes jetées devant les portes de personnes dont les noms figuraient sur la liste. C'était un message. Je savais que ces jeunes filles devaient être les premières. Lorsqu'il était revenu, après ses sept mois d'absence, Ahmed m'avait, dès son arrivée, interrogée au sujet d'une de ces filles, Saloua, de ses trois sœurs, ainsi que d'une amie à elles, Fatiha. Saloua et Fatiha étaient mes bonnes amies. J'étais sûre alors qu'il leur préparait quelque chose. Ce jour-là, il m'a avoué que c'était lui et son groupe qui avaient commis, quelques mois auparavant, le massacre de Benramdane. Ils avaient tué ces hommes parce qu'ils s'étaient portés candidats pour prendre les armes. Quant aux jeunes filles, ils les ont tuées parce qu'elles sortaient trop, s'habillaient court et étaient les seules femmes du hameau à ne pas porter de *hidjab*. Ils leur reprochaient aussi de travailler. Elles avaient été prévenues, mais ne voulaient pas cesser leur travail, c'était leur gagne-pain, à elles et leurs familles. Je crois que c'est par lâcheté qu'ils ont commencé par elles, car ils savaient que les autres voisins ne les aimaient pas non plus. A cause de cette apparente liberté qu'elles affichaient dans leur comportement. Elles fréquentaient des hommes et ouvraient leurs fenêtres – chose interdite à Haï Bounab. Les voisins s'étaient donc tous ligués contre elles et les terroristes ont pensé que leur acte serait bien vu. Mais les voisins avaient beau considérer ces filles comme des débauchées, ils ne souhaitaient par leur mort pour autant. Le choc a été brutal pour eux.

Les habitants de Haï Bounab ont été tellement lâches dans certaines circonstances que les terroristes ne s'étaient jamais douté qu'un jour ils allaient se retourner contre eux. Un mois avant leur mort, un incident qui est arrivé à leur père, cardiaque, avait donné aux quatre sœurs un avant-goût de cette lâcheté. En ce temps-là, tout le monde fermait sa porte à dix-huit heures. C'était la règle imposée par le GIA. Quoi qu'il ait pu arriver dans la soirée, il fallait attendre le matin. Un soir, vers vingt-deux heures, leur père a un malaise grave. Ses filles se mettent à crier et à frapper à toutes les portes pour que quelqu'un vienne les aider à le transporter à l'hôpital. Personne n'ouvre. Seul mon père est sorti. Mais ce n'est pas par courage. Il dormait cette nuit-là dans une maison à côté – les hommes venaient d'instaurer une nouvelle habitude : se regrouper chaque soir chez un voisin différent afin de faire face à une éventuelle attaque. En entendant les cris, mon père a pensé que c'était moi, que les gendarmes étaient venus me prendre. Il est sorti, en short, et s'est retrouvé face aux filles en pleurs. Il n'a donc pu se dérober, il est allé voir leur père. Il lui a fait un massage et l'a aidé à recouvrer sa respiration. Le lendemain, mon père m'a avoué que s'il avait su la vérité il ne se serait pas dérangé. Comble d'hypocrisie : les mêmes voisins viendront s'enquérir de la santé du malade. Et, sans gêne aucune, ils ont reconnu devant les filles qu'ils les croyaient en train de se faire égorger. Devant tant de cynisme, Saloua, l'aînée, est entrée dans une colère noire. Elle leur a lancé sans ménagement : « Vous êtes une bande de lâches. Et maintenant vous faites semblant de vous inquiéter de la santé de notre père ? Et s'ils venaient réellement nous tuer, vous ne feriez rien, alors ? » Les voisins, unanimes : « Que chacun se débrouille. » Saloua ne se retenait plus, elle les a tous renvoyés de chez elle. Quant à Fatiha, elle se savait visée. Elle me disait souvent : « Saloua et moi, ils nous tueront, c'est sûr. » Quand je lui demandais pourquoi elle en était si sûre, elle ne me répondait pas. Je saurai par la suite qu'elle avait peur parce qu'elle fréquentait un « patriote ».

Un mois après cet épisode, elles ont été tuées. Les terroristes les ont sorties de chez elles au milieu de la nuit. Elles criaient comme des forcenées. Tout le hameau a entendu leurs hurlements mais personne n'a bougé. Hafida, la plus jeune des sœurs de Saloua, a été tuée dans son lit d'une balle dans la tête parce que, au moment où ils tentaient de la prendre, elle s'est évanouie. Elle était très gentille. Elle sortait avec mon frère et ils devaient se marier. Elle avait dix-sept ans. Ma mère était à Haï Bounab ce jour-là, elle avait vu Ahmed. Le lendemain, elle quitta le hameau. Tous les voisins firent de même. La vue des têtes devant les portes des maisons a jeté l'effroi. Les habitants ne sont revenus que lorsqu'ils ont tous reçu des armes pour affronter ceux qui étaient devenus leurs ennemis communs.

Ceci montre aussi la capacité inouïe des gens à se retourner selon les situations. Les habitants de Haï Bounab savaient tout sur les faits et gestes des terroristes. Ceux qui ne les aidaient pas directement étaient complices par leur silence. Le jour où nous sommes retournés là-bas avec mes parents dans l'espoir de nous réinstaller chez nous, et que je les ai vus, les armes à la main, menaçant ma famille, j'ai eu envie de leur crier à la figure : « Pourquoi n'avez-vous donc rien dit, quand vous me voyiez sortir avec le "groupe" à cinq heures du matin ? Pourquoi n'avez-vous pas appelé les militaires quand vos enfants faisaient le guet pour eux et me faisaient les courses pour que je leur prépare les repas ? » A l'époque, ils étaient trop lâches pour réagir. Ou bien ils étaient consentants. D'un autre côté, je les comprends aussi. La population était tétanisée à cause de toutes les horreurs qu'elle savait sur le GIA. Je me rappelle une femme qui avait seulement médit de moi, une femme qui parlait beaucoup. Elle avait raconté dans le quartier que j'avais eu un enfant avec un autre homme avant de me marier. La rumeur était parvenue jusqu'aux oreilles d'Ahmed. Sans réfléchir, il s'était rendu chez elle pour l'égorger. Heureusement, elle était absente ce jour-là. C'est son mari qui est sorti et est arrivé à le calmer en le suppliant à genoux. Elle n'a eu la vie sauve que grâce au fait que son mari avait toujours été gentil avec lui quand il était jeune et qu'il le respectait beaucoup. Mais je suis certaine que s'il avait trouvé cette femme chez elle à ce moment-là, rien ne l'aurait fait reculer.

C'est cette cruauté abusive qui a amené tous leurs anciens alliés à se retourner contre eux. Ainsi mon frère, par exemple, celui qui a quinze ans. Il adorait mon mari et ses amis, il les admirait de façon immodérée. Maintenant, il les vomit. C'est d'ailleurs lui qui a dénoncé le groupe de Bouchaoui [1] la dernière fois. Il allait sur des chantiers, avec un copain, récupérer des vieux tuyaux en cuivre pour les revendre aux automobilistes qui passent sur l'autoroute. Il faisait ça de temps en temps pour se faire un peu d'argent de poche. Un jour, en traversant le verger, il entend un gémissement. Il s'approche et tombe sur un vieil homme qui venait de recevoir un coup de pioche sur la tête. Il court avertir le gardien du verger, mais ce dernier a eu peur d'aller lui-même prévenir les gendarmes. Il a envoyé mon frère informer le fils de la victime, lequel est « patriote ». A la suite de cela une grande opération de ratissage a été déclenchée dans la région et s'est soldée par la mort de plusieurs terroristes. Le plus étonnant était de voir combien mon frère était heureux de les dénoncer.

Quant à mon père, son plus grand plaisir aurait été de tuer Ahmed de ses propres mains. Il avait demandé une arme mais on la lui avait refusée tant que son gendre était vivant. Il avait pourtant assuré les gendarmes que lui seul pouvait lui faire la chasse, car il connaissait bien ses habitudes. Maintenant, il est heureux de disposer d'un fusil. Comme tous les habitants de Haï Bounab. Mais il ne s'en servira pas pour tuer Ahmed. Pendant longtemps, une idée m'a obsédée : qu'un jour mon père tue mon mari. Comment aurait réagi, plus tard, mon fils lorsqu'il aurait appris que son grand-père avait tué son père ?

1. Groupe du GIA abattu dans la forêt de Bouchaoui, à 15 kilomètres d'Alger, à l'automne 1997.

29

En août 97, n'ayant plus d'argent pour renouveler le contrat de location du gourbi de Oued Béni Messous, nous sommes venus à Cheraga, chez mon oncle. Cette fois, il n'a pas osé renvoyer les douze personnes qui composent notre famille. Nous y avons passé plus d'une année, mais il ne nous a pas facilité la vie non plus, bien au contraire. Il ne ratait aucune occasion pour nous montrer que nous étions de trop. Il est vrai que, pour lui aussi, la situation était gênante. Il avait interrompu la construction de sa maison pour nous permettre d'occuper deux pièces en parpaings dans sa cour. Il était pressé de terminer ses travaux mais il ne le pouvait pas tant que nous étions là. Le jour où nous sommes venus chez lui, la première question qu'il m'a posée a été de savoir si j'avais apporté de l'argent. Il pensait que l'argent du « groupe » de Haï Bounab était toujours chez moi. Mon père aussi m'avait posé la même question. Il est clair que si j'avais eu cet argent, j'aurais été traitée autrement.

J'ai un autre oncle qui habite aussi à Cheraga, pas loin du premier. Il a une villa de trois étages, mais a toujours refusé catégoriquement de nous héberger, ne serait-ce qu'une nuit. Il avait peur de ses voisins, qui savaient tous que mon mari était « émir » du GIA. Quelques-uns des habitants de Haï Bounab ont de la famille à Cheraga, ils leur parlent. Tout se sait, de toute façon... J'ai croisé par hasard, un jour, une ancienne camarade de classe que je n'avais plus revue depuis huit ans. J'ai fait comme si je ne la connaissais pas. Je voulais éviter les questionnements. Mais elle, elle m'a reconnue et arrêtée. Elle était au courant de tous les détails de ma vie et, selon elle, toutes les anciennes copines savaient également. Ainsi, pour cet oncle, qui a relativement réussi dans la vie, nous avoir chez lui risquait de nuire à ses affaires. Lorsque nous allions de temps à autre lui rendre visite – à l'occasion de fêtes traditionnelles uniquement –, ses voisins faisaient rentrer leurs enfants à notre vue et claquaient portes et fenêtres pour éviter de nous dire bonjour. Ils disaient que nous portions l'odeur des terroristes.

Tout le temps que nous étions à Cheraga, nous avons dû nous faire tout petits afin de ne pas être remarqués. Il arrivait, par exemple, que les enfants du voisinage agressent mon frère handicapé et lui disent des méchancetés, mais nous ne réagissions pas. Nous supportions tout sans rien dire. Surtout moi. C'était le prix à payer pour pouvoir continuer à bénéficier de ce toit que nous avions eu difficilement et qui pouvait nous être retiré d'un moment à l'autre. Mon oncle était méchant avec mon fils. Je l'ai surpris, à plusieurs reprises, en train de monter mes petits frères contre lui et même de le frapper. Il lui arrachait la nourriture de la bouche et se mettait en colère s'il voyait quelqu'un lui donner à manger. « Vous êtes en train d'engraisser le fils d'un terroriste pour qu'il devienne comme son père », leur disait-il tout le temps. Il n'osait pas m'affronter directement car il me soupçonnait d'être toujours en contact avec mon mari, mais il s'en prenait à mon fils.

Ce qui me faisait le plus de peine, c'était la situation de mes sœurs qui étaient, par ma faute, en train de gâcher leur avenir. Faouzia, qui a douze ans et qui était toujours première de sa classe, a dû interrompre sa scolarité pendant deux ans. Au collège de Cheraga, ils ne voulaient pas l'inscrire parce qu'elle ne résidait pas dans la commune et mon oncle, de peur que nous nous incrustions chez lui, refusait de nous faire établir un certificat d'hébergement. Mais il y avait autre chose : les responsables du collège se méfiaient de nous. Ils se doutaient de quelque chose. Il en était de même pour mon autre sœur, Shahrazed, qui a neuf ans.

Nos moyens financiers étaient, de plus, vraiment limités. Seul mon frère, qui a dix-neuf ans, travaillait comme manœuvre sur des chantiers du bâtiment. Pendant six ans il ne m'a pas adressé la parole, depuis que j'ai commencé à fréquenter Ahmed. Il ne me disait même pas bonjour et je n'avais pas le droit de toucher ses affaires devant lui. Même pas pour faire son lit ou ranger ses habits. Quand il me voyait préparer le repas, il refusait de manger. Lui non plus n'aimait pas voir mon fils manger. Son argent ne devait pas servir à « élever le fils d'un terroriste ». Il allait jusqu'à m'interdire d'utiliser la lessive qu'il achetait pour laver les affaires de mon fils.

Mon autre frère a dix-sept ans. Il est pire que le premier. En aidant mon oncle dans sa boutique de coiffure pour hommes, il gagne tout juste l'argent qu'il dépense en cigarettes et autres menus besoins. Le jour de la fête de l'Aïd, mon père a emmené mon fils dans son salon afin qu'il lui coupe les cheveux. On a refusé de s'occuper d'eux, après les avoir fait attendre toute une journée. De même, pendant une année, mon fils était sans chaussures. Lorsqu'il a commencé à marcher, le ciment de la cour lui a irrité les pieds. Jamais quelqu'un n'a proposé de lui en acheter. Pourtant, mon oncle n'est pas vraiment dans le besoin. En plus de son salon de coiffure, il trafique dans les pièces détachées de voitures. Il se débrouille bien.

Mon troisième frère a quinze ans. Il a arrêté l'école avant que nous quittions Haï Bounab. Il n'aimait pas étudier. Tout petit, il faisait déjà l'école buissonnière. Celui qui a onze ans est handicapé moteur. Nous aimerions bien lui trouver une place dans un centre spécialisé, mais pour ça, il faut avoir des connaissances. Il y a encore deux petites sœurs, de sept et quatre ans. Et si ma mère n'avait pas perdu une fille à sa naissance, nous serions dix.

Ma belle-mère également a les moyens d'aider son petit-fils, mais elle n'a rien fait pour lui. D'ailleurs, elle n'a jamais cherché à le voir alors que, lorsque j'étais enceinte, elle me disait : « Si tu as un garçon, je m'occuperai bien de lui. » Si je voulais lui créer des ennuis, je ferais valoir que c'est mon mari qui a acheté tout ce qu'elle avait : la maison, les vaches, le minicar, l'épicerie, etc., et qu'il avait tout mis au nom de son frère aîné. Le chef de brigade m'a promis que, si je voulais, il m'aiderait à défendre mes droits. Mais ma belle-mère me fait de la peine. La douleur qu'elle a d'avoir perdu ses trois fils est déjà immense. Je ne veux pas en ajouter une autre. De toute façon, elle est maligne. Il y a quelques mois, elle a tout vendu, acheté une maison avec son dernier fils, dans une autre commune, et a placé le reste de l'argent à la banque.

Pour sortir de cette situation, il me fallait absolument trouver un endroit sûr où me caser afin que ma famille puisse retourner chez elle. Mais peu de gens acceptent d'héberger la femme d'un terroriste, même mort. En désespoir de cause, je me suis adressée aux « maisons de charité » qui accueillent les gens dans le besoin. En vain, elles sont toutes saturées. J'ai parlé de mon cas à beaucoup de gens pour qu'ils m'aident à trouver une issue. Sans résultat. C'est ainsi qu'un jour, en regardant la télévision, j'ai vu Dalila, la présidente d'une association d'aide aux femmes en difficulté, parler de ses activités. « C'est elle qui me sauvera », ai-je tout de suite pensé. J'ai téléphoné au numéro qu'elle avait donné et j'ai obtenu l'adresse de l'association. Je me suis présentée chez elle un jour et lui ai déballé toute mon histoire, sans omettre aucun détail. Elle m'a d'abord dépannée financièrement, ainsi que toute ma famille. Puis elle m'a trouvé une place dans une famille de sa connaissance, où je suis très bien maintenant.

30

Depuis la mort d'Ahmed, je me sens revivre. Quand je l'ai épousé, je ne désirais qu'une vie tranquille. Dans la pauvreté, sans doute, me contentant, comme il me le disait lui-même avant notre mariage, dans ses élans de romantisme, de « la terre pour lit et du ciel pour couverture ». J'étais loin de me douter alors qu'un jour il allait m'offrir les meubles et les vêtements des personnes qu'il assassinait.

Je souhaite vraiment que mon histoire serve à d'autre jeunes filles. J'ai été embarquée dans cette galère par amour pour un homme que, tout compte fait, j'ai à peine connu. Notre vie commune n'aura duré que trois mois. Je raconterai tout à mon fils dès qu'il sera en âge de comprendre. Il faut qu'il sache un jour la vérité.

Mon amie Fatma aussi a retrouvé la paix après la mort de son mari. Depuis, ses frères, qui l'avaient rejetée après son mariage, sont revenus sur leur position et s'occupent très bien de sa fille. Elle va se remarier avec un homme qui n'a rien à voir avec tout ça. Le seul problème est que sa fille n'est toujours pas enregistrée sur les registres de l'état civil. Elle sera forcément inscrite sous la rubrique « née de mère célibataire et de père inconnu ». Sa belle-mère a pourtant témoigné que la petite est bien celle de son fils. Mais l'administration n'a rien voulu savoir.

Toutes ces misères que j'ai vécues m'amènent à douter de tout aujourd'hui, y compris de la religion. Après la disparition de mon mari, j'ai continué pendant quelque temps à faire mes prières, mais pas de façon assidue. Quand il faisait trop froid par exemple, et qu'il fallait se lever tôt, puis sortir dans la cour pour faire mes ablutions, je m'abstenais. Maintenant, j'ai arrêté complètement. Mon père est comme moi. De temps en temps, il fait quelques prières pour demander à Dieu de l'aider à s'en sortir. Ma mère, elle, n'a jamais prié. J'en arrive à me poser la question : « Est-ce que Dieu est d'accord avec des gens comme Ahmed qui passaient leur temps à prier et tuaient, en même temps, des innocents ? » Et puis, quand je pense à tout ce que j'endure, je me dis : « Pourquoi, avec tout ce que Dieu me fait subir, devrais-je encore Lui adresser des prières ? » Il ne m'a jamais écoutée de toute façon. D'ailleurs, j'ai cessé de suivre les enseignements que mon mari m'avait donnés pour aller au paradis, comme garder mon *hidjab* à la maison, y compris devant mon père et ma mère, par exemple. Je ne porte plus le *niqab* quand je sors. Et, de plus en plus, je sors même sans *hidjab*. L'autre jour, je suis allée chez le coiffeur, je me suis fait couper les cheveux et, à la maison, je porte des caleçons bien moulants. Tout ce que je ne pouvais pas faire avant.

Depuis que je suis dans cette famille, je suis très heureuse. La maîtresse de maison m'a dit, dès le premier jour : « Tu es comme ma fille. » Je leur fais le ménage et je suis nourrie et logée chez eux, dans une chambre à moi, chauffée et confortable. Cela fait longtemps que je n'ai pas eu une chambre à moi. Jamais, en vérité. Mes parents aussi sont très contents. Mon départ a signifié pour eux la fin de la misère et de l'humiliation. Ils sont retournés à Haï Bounab, dans leur maison où, avec peu de moyens, ils sont heureux.

Mon seul souhait maintenant est de pouvoir un jour prendre avec moi mon fils, que j'ai laissé chez ma mère.

Alger, février 1998

COMPOSITION : I.G.S. CHARENTE-PHOTOGRAVURE À L'ISLE-D'ESPAGNAC
IMPRESSION : **BUSSIÈRE CAMEDAN IMPRIMERIES** À SAINT-AMAND (CHER)
DÉPÔT LÉGAL : OCTOBRE 1998. N° 35338 (984334/1)